B. PEREZ GALDÓS
EPISODIOS NACIONALES
CUARTA SERIE

LOS DUENDES

DE LA

CAMARILLA

,8.000

,MADRID
OBRAS DE PÉREZ GALDÓS
182, Hortaleza
, 1903

EST. TIP. DE LA VIUDA É HIJOS DE TELLO

IMPRESOR DE CÁMARA DE S. M.

C. de San Francisco, 4.

LOS DUENDES DE LA CAMARILLA

I

Medio siglo era por filo... poco menos. Corría Noviembre de 1850. Lugar de referencia: Madrid, en una de sus más pobres y feas calles, la llamada de Rodas, que sube y baja entre Embajadores y el Rastro.

La mañana había sido glacial, destemplada y brumosa la tarde; entró la noche con tinieblas y lluvia, un gotear lento, menudo, sin tregua, como el llanto de las aflicciones que no tienen ni esperanza remota de consuelo. A las diez, la embocadura de la calle de Rodas por la de Embajadores era temerosa, siniestro el espacio que la obscuridad permitía ver entre las dos filas de casas negras, gibosas, mal encaradas. El farol de la esquina dormía en descuidada lobreguez; el inmediato pestañeaba con resplandor agónico; sólo brillaba, despierto y acechante, como bandido plantado en la encrucijada, el que al promedio de la calle alumbra el paso á una mísera vía descendente: la Peña de Francia.

Animas del Purgatorio andarían de fijo por allí; las vivientes y visibles eran: un ciego que entró en la calle apaleando el suelo; el sereno, cuya presencia en la bajada al Rastro se advirtió por la temblorosa linterna que hacía eses de una en otra puerta, hasta eclipsarse en el despacho de vinos; una mendiga seguida de un perro, al cual se agregó otro can, y siguieron los tres calle abajo... En el momento de mayor soledad, una mujer dobló con decidido paso la esquina de Embajadores, y puso cara y pecho á la siniestra calle, sin vacilación ni recelo, metiéndose por la obscuridad, afrontando animosa las molestias y peligros del suelo, que no eran pocos, pues donde no había charco, había resbaladizas piedras, y aquí y allá objetos abandonados, como cestos rotos ó montones de virutas, dispersos bultos que figuraban en la obscuridad perros dormidos ó gatos en acecho.

Que la mujer era joven se revelaba en la viveza de su marcha, y en la gracia exquisita de aquel paso de baile con que sus pies ligeros sabían evitar las mojaduras y asentar en los puntos más sólidos. Tan pronto se arrimaba á las casas de la derecha como á las de la izquierda, con pericia de práctico navegante. Las gotas de lluvia bailaban en los charcos, produciendo un punteado luminoso: era la única claridad que permitía discernir los contornos de aquel archipiélago, y precisar sus sirtes engañosas ó el seguro de sus islotes. La moza, que tal era sin duda,

pues no hay disfraz que disimule la juventud, iba totalmente vestida de negro, falda y
pañuelo de manta del color de la noche, lo
mismo que el pañuelo de la cabeza. Sólo llevaba color chillón en los pies, calzados con
zapatos ó borceguíes rojos, de un tono vivo
de púrpura, como la sotana de los monagos.
Esto era en verdad singularísimo, y cuando
se levantaba la faldamenta, no tanto para
evitar el lodo, como para tener mayor des-
embarazo en sus ondulaciones coreográficas,
el paso de la consabida mujer hacía pensar
en artes y travesuras de brujería... En la
pendiente de la calle estaba ya, donde los
baches y pedruscos entorpecían más el per-
verso camino, cuando vió sombrajos de personas que subían del Rastro. El recelo y la
curiosidad la detuvieron; se metió detrás de
un esquinazo para observar. Su actitud habría podido trasladarse al lenguaje común
sin más literatura que esta sencilla interrogación: "¿Serán...?„ Parecía que se tranqui-
lizaba oyendo y reconociendo sus voces; y
cuando les vió escurrirse por la Peña de
Francia, descender á prisa dando tumbos
por lo que más parecía torrente que calle,
y sumirse por un agujero, como alimañas que
habitan en los cimientos de los edificios, la
moza recobró completamente su tranquilidad. Los chapines rojos, que eran lo único
de ella que en aquel silencioso navegar hablaba, dijeron claramente, brincando de guijarro en guijarro: "No hay cuidado; son...„
A poco de esto, empujaba una puerta, en

lä acera derecha, y se metía en un antro...

El cual no era otra cosa que un vasto depósito de puertas, ventanas, balcones, rejas y
persianas, despojo de casas derribadas, todo
ello, por obra de la obscuridad de aquella
noche tristísima, convertido en aglomera-
ción de formas durmientes. Dormían las filas
de puertas ordenadas por tamaños, como in-
mensos tomos de interminables enciclope-
dias; dormían los que fueron balcones y
ya parecían jaulas; dormían las rejas, que
ya eran como descomunales parrillas para
el asado de bueyes enteros. Peor estaban
aquellos pisos que los de la calle, porque
junto á la entrada se había formado una la-
guna de riberas lejanas, desconocidas. Pero
la viajera de los rojos escarpines, que ya
dominaba la orografía de aquellos lugares,
se escabulló lindamente con viradas ó quiebros oportunos, hasta que arribó al puerto...
Vió luz, entró bajo techo, y una mujer ó señora, que esto no podía definirse aún, le tocó
la ropa y con lástima cariñosa le dijo: "Vienes caladita. Vete á la cocina y sécate, y
come alguna cosa, mujer.„ La de los zapatos colorados respondió con una fórmula
de gratitud, añadiendo que no podía entre-
tenerse... Fácilmente se comprendía que una
mayor querencia que el secarse y comer so-
licitaba con imperio su voluntad. "Vete,
vete pronto arriba—le dijo la que sin duda
era dueña de la casa.—Estás deshecha por
llegar pronto, y hartarte de mimo... ¡Ay,
hija! la juventud es un gusanillo que pide

ilusión y tienes que dársela: si no, te come toda la vida. Más vale suspirar de joven por enamorada que de vieja por desconsolada. Aprovecha el tiempo, que vuela, hija, llevándose las ocasiones, y el muy perro se las guarda para que no puedan volver...„ Más dijo, más quiso decir, revelándose en tan corto instante como habladora sin tasa; pero la otra, que ya conocía y padecer solía el torbellino de sus vanos discursos, no la dejó aquella noche asegurar la hebra, y extremando sus prisas impacientes dijo: "Señá Casta, con permiso... déjeme subir, que vengo retrasada y estará con cuidado.„

Sin dar espacio á más razones metióse por un pasillo anguloso, saludó á una criada, acarició á dos niños que de los aposentos alumbrados y calentitos salían á verla, y por una puerta próxima á la cocina humeante pasó á otro patio más pequeño que el primero, y como aquél, húmedo, tenebroso, atestado de material de derribos, predominando los fragmentos de altares, de púlpitos y demás carpintería eclesiástica. Por la estrecha calle que las pilas de aquellos nobles vestigios dejaban al tránsito, se escabulló con ligereza hasta dar con una escalera por la cual subió, como si dijéramos, de memoria, palpando y reconociendo con manos y pies. De ladrillo y nada corto era el primer tramo. Torciendo á la derecha encontró la moza el segundo, de madera, interminable serie de peldaños temblorosos y gemebundos, sin ningún descanso, sin vuelta, todo seguido, seguido, en fatigante línea recta trazada en los senos de la pesadilla. La última parte de aquella lucha opresora con las alturas iba por descubiertos espacios. Mirando hacia abajo se veía el patio grande, parte de la calle de Rodas, y á la izquierda patios de casas domingueras, en cuyas celdas se veían claridades, y á lo largo de los corredores ó en las entornadas puertas sombras movibles. Rumor de humanidad subía también, y un cuchicheo de la vida afanosa requiriendo el descanso nocturno...

Vencido el último escalón encontróse la mujer en un secadero de pieles, que antes de ser visto se denunciaba por el olor nauseabundo. Pasó la viajera, conteniendo el aliento, por los bordes del tenderete, y llegó á una como azotea, secadero abandonado y en ruínas, conservando los pies derechos que habían sostenido su techumbre. Allí se detuvo un instante para tomar resuello y meter aire limpio en sus pulmones. Vió el patio de otra casa de corredor, correspondiente á la calle de la Pasión, y por costumbre de mirar al cielo en tales alturas echó atrás la cabeza con movimiento de astrónomo. Pero el cielo, que otras noches desplegaba su soberana hermosura sobre este montón de miseria y porquería en que vivimos, aquella noche parecía espejo en que se retrataba lo de abajo, un fangal sucio, tenebroso. Arreciaba la lluvia en aquel instante, y el agua, escurriéndose aquí, goteando allá, buscando presurosa todos los caminos y conductos que la condujeran á la tierra, hacía los ruidos más extraños. En los apanzados techos mohosos corría un bullicio de arroyuelo campesino, y en las canales rotas entregábase á ejercicios de fontanería burlesca. Los absorbederos en buen uso la paladeaban antes de tragarla.

En todo esto fijó brevemente su atención la de los rojos chapines, buscando en la observación de tales ruidos un alivio al miedo que otros le causaban, como el galopar frenético de ratones en retirada, y el bufido de gatos feroces que les buscaban las vueltas en las entradas y salidas del colgadero de pellejos... Aún tenía que franquear la moza un paso difícil para llegar al término de su viaje. Pisando tablas rotas, metióse por estrecho espacio entre una medianería y un grupo de chimeneas; llegó al alcance de un ventanón de vidrios emplomados, en parte rotos y sustituídos con papeles, y al reconocerlo por la claridad que los sucios cristales transparentaban, golpeó con los nudillos como anunciando su llegada... De allí pasó á un segundo hueco, que lo mismo podía ser ventana que puerta, con un batiente de cuarterones y otro de cristalera alambrada: empujó... Entró como paloma que vuelve al nido.

Era un recinto abohardillado, como de seis varas de largo por tres de anchura; por un extremo, de elevación bastante para que personas de buena estatura pudieran estar en pie, por el otro suficiente no más para un

perro de mediana talla... La entrada de la
mujer fué ruidosa: en ella, como un júbilo
triunfal; en el que la esperaba, como término de ansiedad expectante. El farolillo que
alumbraba la mísera estancia daba la claridad precisa para determinar vagamente los
objetos, y no tomar por personas las prendas
de ropa colgadas de una cuerda. La moza
se adelantó hacia un camastro, que más bien
debiera llamarse rimero de pieles, mantas y
enjalmas; de aquel diván humilde surgió el
busto de un hombre, que abiertos en cruz
los brazos, exclamó: "¡Cuánto has tardado,
mi alma! ¡En qué ansiedad me has tenido,
corazón! No me consolaba más que la idea
de morirme esta noche.

—¿Morirte tú, mi *Tolomín*, sin qué tu
Cigüela te dé licencia?... No faltaba más...
—dijo ella sin abrazarle más que con la in-
tención. —Chiquillo, no me abraces tú...
Toca, y verás que estoy hecha una esponja.
Déjame que me sacuda...„

Diciéndolo, de un tirón desenlazó el pañuelo de la cabeza, quitóse el de manta, y
ambas piezas colgó en la cuerda de que pendían otras. Luego, risueña, con gracioso
brinco, llegóse al camastro, y alzando una
pierna mostró el chapín rojo puntiagudo.
"*Miá, miá* qué pinreles traigo, Tolomín.

—¡Ay qué bonitos! ¿De dónde has sacado
eso?—dijo el hombre tirando del borceguí,
que chorreaba.

—Ya te contaré—replicó la moza alargando el otro pie para que lo descalzara. —Pero

antes de hablar eso, tengo que contarte otras cosas... muchas cosas, Tolomín.„

Desnudos quedaron los pies de Cigüela, y mojaditos como si hubiera venido descalza. El hombre acostado le tiró de la falda, la obligó á sentarse junto á él, y le secó un pie diciéndole cariñoso: "¡Pobre *Güela*, los trabajos que ella pasa por su Tolomín!... Dame ahora el otro: están heladitos.

—Ya se calentarán... ¡Con sentarme sobre ellos...! Pero antes tengo que arreglarte un poco tu sala, tu gabinete, tu camarín y toítas estas dependencias *maníficas*, como decimos las manolas, y *maggg...níficas*, como decimos las señoritas del pan pringado... Verás, Tolomín, qué pronto despacho.

—Mientras me ordenas el mechinal, cuéntame lo que pasa en Madrid, que ello habrá sido gordo...

—No pasa nada, hijo...

—¿Como que no? Yo he oído tiros.

—Estás soñando.

—Tiros de fusilería, y alguno, alguno de cañón—afirmó el hombre con sincero convencimiento.—Oyéndolos, me dije: "Ya se armó.„ Y como tardabas, pensé que por estar cortadas las calles no podías pasar hacia acá, y también me asaltó la idea de que te cogiera una bala perdida...

—¡Pobre Tolomín!... Dormido has oído los tiros; que quien despierto sueña con revoluciones y trifulcas, más ha de soñar cuando cierra el ojo.

—No, no: bien despierto estaba cuando
oí los disparos de fusilería... y ello sonaba
por está parte: primero lejos, como en la
Puerta del Sol; después más cerca, como en
Puerta Cerrada.

—¡Ay, qué engañoso y qué visionero!...
Te aseguro que esos tiros no han sonado
más que en tu pobre magín enfermo, y que
Madrid está más tranquilo que un convento
de monjas... no, no es buena comparación...
más tranquilo que un cementerio...

—¿De veras no hay barricadas?... ¡Cigüela!

—Tolomín, no hay barricadas. Las habrá;
consuélate con la esperanza. Las habrá... y
tan altas que lleguen á los pisos terceros, si
quieres... Pero lo que es hoy... ¡Bueno ha
estado el día, y bonita la noche para esas
bromas! Con las calles mojadas y la pólvora
revenida ¿quieres tú jarana?... Las revoluciones quieren sol, como los toros, y el patriotismo no ha de ser pasado por agua...

—Por decírmelo tú lo creo, que cuanto tú
dices es para mí artículo de fe; pero yo estoy
bien seguro de lo que oí... segurísimo...
¡Pim, pam...! ¡Fuego...! ¡pim, pam...! duro
y á la cabeza... ¡pim, pam!

—Ea, no te encalabrines... Te volverá la
calentura.

—¡Libertad ó muerte! ¡Fuego!

—Juicio, mi Capitán... No estamos tan
lejos del mundo, que...

—¡Viva Isabel II!

—¡Chitón!

—¡Viva España, viva la Libertad! Todo esto va contigo, boba: la Reina eres tú; tú eres España, tú la Libertad...„

II

Cigüela reía. Lo primero que hizo, al acometer sus menesteres domésticos, fué sacar del bolsón pendiente de su cintura bajo la falda, dos paquetes con envoltura de papel fino cruzada de cinta roja, y ponerlos sobre una caja que servía de mesa. Descalza, diligente, iba de un punto á otro con suma presteza; y sosteniendo la conversación con el aburrido Tolomín, al deber de mirar por su existencia y su salud atendía. En el lado donde era más alto el techo, tenía un anafre, y en sitio cercano provisión de carbón, teas y una caja de fósforos. Encendió lumbre y puso á calentar agua. "¿Qué me has traído esta noche?—preguntó Tolomín, que no quitaba ojo de los paquetes cerrados con desusada elegancia y finura.

—¡Cosa rica!... Ya lo sabrás... Antes tengo que contarte...

—¡Vaya! Pues no gastas poca solemnidad para tus cuentos... ¡Antes con antes!... ¿Pero dónde está el principio de tus historias?

—No se debe contar lo segundo sin contar lo primero,—dijo Lucila risueña y un tanto maliciosa.

—Pues échame lo primero de una vez...

¿Dónde estuviste esta noche? ¿Por qué has tardado? ¿Es esto el principio, ó dónde demonios está el principio de lo que tienes que contarme?

—¡El principio!... Cualquiera sabe dónde está el principio de las cosas.

—No te diviertes poco con mi curiosidad. Vamos, ¿á que te acierto de dónde son esos paquetes? Son de la repostería de Palacio.

— ¡Uy... qué desatino!... ¡Vaya un zahorí que tengo en casa!

—¿Con que no son de Palacio? Pues de las monjas no son, porque esas señoras no envuelven sus regalitos con papeles á estilo de París, sino con papel viejo del que venden las covachuelas, y que parece pergamino, y á lo mejor te trae un pleito de principios del siglo pasado... Pues á ver si acierto... Dame los paquetes, á ver si por el olor...

—Luego, Tomín—dijo Lucila cogiendo una jofaina del depósito de loza que en un rincón tenía, piezas diferentes en mediano uso, alguna desportillada, todas muy limpias.—Ahora, caballero, á lavar las heridas.

—¡Ay, ay, qué fastidio! - exclamó Tomín incorporándose.—Pero tienes razón. Si me duele, que me duela. Lávame, cúrame: tus manos de madre me sanarán.

—Y para que mi pobre niño no se devane los sesos con adivinanzas—añadió Lucihuela avanzando con la jofaina, una esponja y trapos,—le diré dónde estuve esta noche... ¿No me encargaste esta mañana que me viera con mi padre?

—¡Ah, sí!

—¿Y no sabes, tontaina, que á mi padre lo han empleado en el teatro nuevo de la Plaza de Oriente?

—¡Ay... qué tonto yo! ¡no caer...! Verde y con asa... Esta noche es la inauguración...

—Y hoy los días de nuestra Soberana.

—¿No te dije que había oído cañonazos? Pues la verdad, siento mucho que los tiros fueran por Santa Isabel y no por un bonito pronunciamiento. Créelo: más falta nos hace la Libertad que todos los santos del Almanaque, y más cuenta nos tiene una revolución bien traída que el mejor coliseo para ópera y baile.„

Penosa era la cura y el poner los nuevos apósitos, después de bien despegados los del día anterior; pero los dedos de Lucila, que en aquel caso clínico se habían adestrado, instruídos por el amor más que por la ciencia, llegaron á adquirir singular delicadeza. El bueno de Tolomín, valiente hasta la temeridad y sufrido cual ninguno en los lances de su militar oficio, era en las dolencias de una flojedad infantil y quejumbrosa. Por cualquier dolor ponía el grito en el cielo, y la sujeción á planes médicos le desesperaba. Conociendo su flaqueza, reservaba Lucila para el momento de la cura todas las referencias humorísticas que tuviera que harle, y al contarlas forzaba la inflexión mica para entretenerle ó provocarle á risa. gase, para ir construyendo todo el aparato formativo de este personaje, que las heri-

2

das eran dos: una de cuidado en la región femural derecha, de arma blanca; la otra de bala en el antebrazo izquierdo, herida nada grave, aunque lo parecía por la proximidad de unas erosiones molestísimas en el hombro, que interesando los músculos del cuello impusieron al paciente, en los primeros días, cierta rigidez de busto escultórico.

"Ea, ¿ya empezamos con chillidos?—decía Cigüela.—La culpa tengo yo por darte tánto mimo. ¡Si no te duele!... Ya ves con qué suavidad voy levantando el trapo, después de mojarlo bien con agua templada... Otro tironcito... Ya falta poco... Pues te contaré: Loco de contento está mi padre con su destino en el Teatro que ahora se llama Real... Me ha dicho que de balde desempeñaría la plaza sólo por rozarse tarde y noche con el cuerpo de baile, y por ser demandadero de las *cantarinas*, como él dice.

—No me hagas reir... ¡Ay, ay, que me arrancas la carne!... ¡Ay!... No sé cómo me río. Sigue.

—Yo no sé lo que es mi padre allí. ¿Es portero, celador? ¿Corre con la tramoya, con el gas, con la vestimenta? Vete á saber. Me ha contado que nunca creyó que hubiera en el mundo cosa tan bonita como las comedias cantadas. De todas las mentiras del mundo, dice, ésta de la comedia con música y en italiano es lo que más se parece á la Gloria... Y de ello saca que mientras más grande es la mentira y más separada de la verdad, mejor nos da idea del Cielo.

—Que no me hagas reir, Lucila...¡Ay, ay!

—En los ensayos se queda como embobado, y cuando oye la orquesta con tantos violines, todos tocando al mismo son, le entran ganas de llorar, de ponerse de rodillas, y de arrepentirse de todas las picardías que ha hecho...

—¡Ay, ay, qué gracioso!

—Dice que oyendo el habla dulce de las italianas, le entran ganas de ilustrarse para entender bien lo que dicen, y ser como ellas pulido y de mucha cortesía... Y que cuando las tales y otras cuales españolas le mandan con recados para costureras, ó para los maestros de música, le entran ganas...

—¡Ay qué risa!... Por todo le entran ganas...

—Ganas de servirlas con diligencia, y de adivinarles los mandamientos para cumplirlos, siempre que sean honrados.

—Estarán contentísimos de él...

—Y él más contento que nadie, porque según cuenta, en aquel puesto está, noche y día, mano á mano con todo el señorío... La ópera es el puro señorío, y el aquel más fino de las aristocracias nobles, como quien dice, porque todo allí es de familias reales, y por eso el teatro se llama Real, siendo reyes los tenores y reinas las cantarinas, ó *verbigracia* tiples...„

En esto, terminados felizmente el lavado y cura, Tomín suspiró. Cesaron los fugaces dolores, y el hombre, consolado, expresaba en su mirar contento y gratitud. Lucila pro-

cedió á lavarse y jabonarse manos y brazos,
después de devolver á su sitio todos los adminículos de la cura, sin interrumpir su
graciosa charla, de que tanto gusto recibía
el desdichado enfermo. "Pues esta noche,
cuando fuí á ver á mi padre, me le encontré
muy sofocado, por tener que acudir con un
solo cuerpo á tantos puntos y menesteres.
Entré por la plazuela de Isabel II, y tuve la
suerte de encontrárle en la escalera que sube al escenario. Reñía con unos tagarotes
que subían trastos, y que á mi parecer estaban peneques. Subí con él y entramos en un
cuartito donde había no sé cuántos hombres
vestidos de frailes, fumando... Yo había co-
rrido por Madrid desde media tarde, llovien-
do á mares, las calles como lagunas, y mis
zapatos, que ya venían rotos, daban por delante y por detrás las boqueadas. Los pies
me dolían, me pesaban, y donde quiera que
yo los ponía dejaban un charco. Uno de
aquellos frailuchos, que tenía en la mano
derecha el cigarro y en la izquierda la barba
postiza, me miró los pies y dijo á mi padre:
"¿Cómo consiente el gran Ansúrez que ande
esta preciosa niña por Madrid como los patos?„ Yo alargué ambos pies para que mi
padre se compadeciera. "Ya te entiendo—
me dijo.—Vienes á que te dé para calzado... Qué más quisiera este padre que tener á toda la plebe de sus hijos bien apaña-
dica. Pero el dinero no abunda, lo que no
quiere decir que me falten medios para reme-
diarte. Por poco nos apuramos, hija del alma.

Ven conmigo, y pisa ligero para no mojar
tanto...„ Llevóme por unas escaleras que no
tienen fin y que marean de tantas vueltas
como hay que dar por ellas, y arriba de todo,
atravesamos una sala donde ví sin fin de
hombres vestidos de colorines... Adelante
siempre: en los pasillos encontramos mujeres pintadas, feas las más, guapas muy
pocas; algunas arrastrando cola; todas con
alhajas de vidrio y diademas de cartón dorado. Eran las coristas. Con llave que sacó
de su bolsillo abrió mi padre la puerta de
un cuartón, lleno de ropas de máscara. Parecía una tienda de alquilador de disfraces.
En el suelo ví un montón de zapatos y borceguíes de todos colores. Mi padre me dijo:
"De esta zapatería de comedias cantadas ó
por cantar, escoge lo que más te guste. Nos
trajo ayer todo este material un marchan-
te que tuvo el suministro de equipos para
teatros donde salen séquitos y acompaña-
miento de reyes, ó donde figuran diablos,
ninfas y personas mágicas. Pretende que el
intendente de acá lo compre, y mientras se
determina, me ordenaron que aquí lo metie-
ra y guardara... Paréceme que esos chapines encarnados que acaban en punta son de
la medida de tus pies. Cógelos y no repares,
hija de mi corazón.„ Pues vistos y exami-
nados los chapines, me parecieron bien. Me
quité la miseria de mis zapatos, y con las
medias empapadas lo tiré todo en aquel montón, poniéndome los borceguíes, que me ser-
virán mientras no tenga cosa mejor. Díjome

el padre que este calzado es para unas brujas de no sé qué tragedia con solfa, en la
cual sale un caballero al que las viejas malditas, amigas del demonio, le anuncian que
será Rey, y él se lo cree, resultando que,
por la comezón del reinar, mata á su soberano, y luego... no me acuerdo de más. Cuando me ponía mis escarpines, me contó mi
padre que él había encontrado entre aquellos trapos un coleto. magnífico, como para
un príncipe cazador que matara las perdices
cantando, y que con la tal prenda y unos
pedazos de otra se había hecho un buen chaleco de abrigo.„

Muy entretenido con este relato, el pobre
Tolomín no quería que tuviese término; pero
Cigüela hizo un paréntesis. Llegándose á él
con otra jofaina, agua nueva y esponja dis-
tinta, le dijo con gracia: "Ahora, pobretín
mío, me dejarás que te lave un poco la carátula... Luego comeremos. ¡Verás qué cosas
ricas!„ El Capitán hizo un mohín de protes-
ta, plañidero. Pero ante la insistencia de la
moza, cariñosamente manifestada, cedió y
se dejó lavar. Con tiernas frases iba Lucila
marcando la operación:" Primero los ojitos,
para que no estén pitañosos... ¡Si vieras qué
bonitos te los he dejado!... Pues ahora voy
con la nariz, con las mejillas... ¿Y este bi-
gotito que está lleno de pegotes?... Si supiera yo afeitarte la barba, te dejaría más guapín que un sol... Voy ahora con las orejas:
un poquitín de paciencia... Pronto acabo.
Más agua, más. Eres como un santo viejo,

que tu sacristana ha encontrado en un desván. Lo cojo, lo lavo... Pues entre el polvo y las moscas lo habían puesto bueno. ¿Ves? Ahora, ya eres santo nuevo, acabadito de poner en el retablo... Si tuviéramos espejo, verías qué lindo estás... ¡Y qué bien se ha portado mi nene dejándose lavar tan calladito...! Se merece un beso... digo, dos... digo, tres.

—Ciento, mi alma,—replicó Tomín besándola con intensa emoción.

—Ahora te paso un peine, y quedarás tan precioso como cuando te conocí...

—Comamos, alma—dijo el herido.—Tengo hambre.

—Ahora mismo. Medio minuto se tarda en poner la mesa y servir el primer plato—dijo Lucila, que retirando el servicio de lavar trajo al instante el de comer, y comenzó á deshacer los paquetes.—Pues sigo contándote. Mi padre, cuando bajábamos, luciendo yo mis zapatos de bruja, me habló así: "Hija del alma, si yo te hubiera criado desde chiquita para cantatriz, poniéndote á la solfa con buenos maestros cantores y salmistas, otro gallo á todos nos cantara... Lo que hicieras con el juego de garganta lo realzarías con el juego de ojos y toda la sal de tu rostro, que en este beaterio entra por mucho el buen palmito y el salero del cuerpo... Pero la voz es lo principal... y lo que más se paga. ¿Sabes lo que gana la señora Alboni? Pues mil y pico de duros cada mes... Echa duros, hija. ¡Mira que si yo te

viera á tí ganando esos dinerales...! Pues
otra: sabrás que á la señora Alboni le he
caído en gracia. Dos veces me ha llamado á
su presencia. ¿Para qué creerás? Pues sólo
para verme, para echarme unas miradas
tiernas, y decirme que soy la imagen del
fiero castillano... que si me compongo, fácilmente me tomarán por un señor duque ve-
tusto.

—Cigüela—dijo Tolomín soltando la risa,—eso lo inventas tú para divertirme.

—Tontín, no invento nada. A contarme
iba los *rendibús* que hizo á la cantante; pero
había empezado el acto segundo, y tuvimos
que callarnos, arrimaditos á unos bastidores.
Á mis orejas llegaba un bum bum; la música no la distinguía yo del ruido; los aplau-
sos y la orquesta me parecían la misma cosa.
"Este que ahora canta por lo más fino—me
dijo mi padre,—es el Rey, quien parece ha
tenido que ver con mi señora Alboni, quiere
decirse, con la persona figurada que el papel
reza y canta...„ Ví á la Alboni, cuando entró
para adentro: es una gordinflona, una caja
de música dentro de otra caja de carne...
Refirió mi padre que siempre está comiendo;
en su cuarto tiene dos mesas, una con las cosas de tocador, y otra con el recado de golosi-
nas, platos de sustento, como jamón con huevo hilado y bartolillos de tantísimas clases.

—Pero no me has dicho cómo y por qué han
venido á nuestra pobre mesa el solomillo lar-
deado y la lengua escarlata de la *prima
donna*.

—Pues muy sencillo: esta señora, como toda cantante, tiene ida la cabeza. El seso se le escapa con los gorgoritos. Como es pura música, no se acuerda de nada. Al instante de mandar una cosa la olvida. Primero fué por los comistrajes un criado italiano; después la doncella... luego mi padre... los tres para un solo encargo... y cuando la señora entró en su cuarto creyó que entraba en la tienda de en casa Lhardy... Enfadándose consigo misma por su poca memoria, empezó á echar trinos y gorjeos para arriba y para abajo, que es una receta que tiene para enflaquecer, y luego, todo el sobrante de comida lo repartió entre los de la servidumbre, tocándole la partija mayor á mi padre, que me la dió á mí... Pues una vez que cogí este regalo, que con los chapines era bastante para dar por bien empleada mi noche, no quería yo más que echar á correr. Mi padre no me soltaba. "No, no te vas sin que yo te enseñe el *golpe de vista*... No verás cosa semejante hasta que ganes el Cielo." Esperamos al entreacto, y mientras corrían por el escenario dando patadas los que quitan y ponen los lienzos, mi padre me llevó al telón que sube y baja, y que en aquel momento parecía una pared. Díjome que pusiera el ojo en una mirilla con cruzado de alambres, y por allí ví todo el señorío público, que es cosa para quedarse una encandilada y trastornada por tres días. ¡Qué lujo, Tomín; qué tienda de piedras preciosas, de rasos y terciopelos, de pechos mal tapados, de encajes, de caras bonitas y caras feas, de cruces, bandas y entorchados! Era como una feria, y yo decía: Parece que todas y todos compran ó venden algo... Enfrente ví á la Reina vestida de color de aromo con adorno de plata, guapísima: diadema, collar de perlas, sin fin de diamantes; la Reina Madre hecha un brazo de mar y despidiendo luces á cada movimiento. Mucha gente de Palacio, muchas Ministras, Generalas y Mariscalas de Campo, y ellos... coqueteando más que ellas... Visto *el golpe de vista*, como decía mi padre, ya no me quedaba nada que ver. Me fuí á la calle, rompí con trabajo las filas de coches, y chapoteando me vine acá.

—Al mirar por el agujero del telón, ¿no viste alguna cara conocida?

—Ví muchas, Tomín... Madrid, que parece grande, es chico, y el que una vez ha visto su gente, la ve luego copiada en todas partes... Tienes sueño...

—Sí: me duermo...—dijo el herido abatiendo con dulce pereza los párpados.—Cigüela... si ves que duermo demasiado, me despiertas, ¿eh?... no me vaya á quedar muerto...„

III

Con una recomendación semejante se dormía todas las noches el desdichado Tomín. Si en los primeros días de su doloroso cautiverio le atormentó el insomnio, una vez

descansado y convalesciente, la naturaleza
en vías de reparación abandonábase á un sopor parecido á la embriaguez, sólo turbado
á ratos por la idea de que dejándose caer sin
interrupción por la resbaladiza pendiente del
sueño, iría sin pensarlo á parar en la muerte... Viéndole aquella noche al borde de la
caída, Lucila ó Cigüela le empujó en vez
de contenerle; le pasó la mano por los ojos,
le besó la frente, le acunó con suaves arru-
llos de nodriza, no sin decirle que durmiera
descuidado: ella le despertaría cuando fuera tiempo. Al sentirle dormido, se acomodó
á su vera, en lo más bajo del camastro, sentándose á la turca y reclinando su cabeza
blandamente sobre el hombro sano del Capitán. Antes apagó la luz de la linterna,
que á su lado tenía.

En esta postura y disposición, que apenas
alteraba por no turbar el sueño del herido,
se pasaba Lucila la noche, descansando algunos ratos, los más despierta, ante la presencia de sus vigilantes pensamientos que
no querían dormir, ni apagarse en su cal-
deada mente. La obscuridad del mechinal no
era completa, ni aun en noches turbias como aquella del 19 de Noviembre; pues se
veía el rectángulo luminoso del ventanón
cuadriculado por los vidrios. En noches claras, Lucila veía y gozaba la luz difusa del
cielo y alguna estrella resplandeciente. Ruidos no faltaban. La noche de referencia, los
dedos de la lluvia toqueteaban sin cesar por
un lado y otro de aquella frágil construcción;

pero ni esto, ni el mayar de gatos trovado-
res, ni los golpes que daba un palo roto y
colgante en el secadero, molestaban á Lucila.
Sus inquietudes surgían de su propia imaginación, á veces cuando sus sentidos se
apagaban en el sueño... Despertaba como de
un salto, creyendo que las desvencijadas escaleras por donde á su tugurio se trepaba,
crujían bajo el peso de dos, tres ó más personas. Las voces se aproximaban... Eran primero un susurro, después un coro como los
de las comedias cantadas.

Más de una vez se levantó, aterrada, y con
menos ruido que el que pudiera hacer un
gato se iba derecha á la puerta, y aplicaba
el oído... Tardaba un rato la infeliz mujer en
convencerse de que los rumores inquietantes
eran querellas en algún patio vecino, ó vo-
cerío de borrachos en la tasca de la calle de
Rodas... Cuando todo callaba, el pensamiento se iba del seguro, poniéndose á decir unas
cosas, y á razonarlas con lógica tan bien ur-
dida, que no había más remedio que creerlo.
¡Dios sacramentado, lo que decía! Pues nada,
que el Sr. Melchor, alias *el Ramos*, y su esposa señá Casta, poseedores de aquellos en-
diablados tenderetes, se cansaban de ser cari-
tativos encubridores del tapujo y lo denun-
ciaban á la fiera policía, ó permitían que algún taimado servidor lo revelara... Hasta
que la luz de la mañana no despejaba su cabeza, limpia de nieblas su tormentosa mente, no recobraba Lucila la confianza en sus
honrados y leales protectores.

Por éstos ó los otros pensamientos iba
siempre á parar al examen de la tristísima
situación á que había llegado, sin ver por
ninguna parte remedio ni salida; todo por
el amor á un hombre, razón esencial del infortunio mujeril. En proporción de su desgracia estaba el origen de ella: amor tem-
pestuoso, irregular, semejante á un soberano
desorden de los elementos; si amó á Tolomín
con ternura cuando le vió y conoció fugiti-
vo y condenado á muerte, locamente le amó
después, teniéndole á su lado en lastimosa
invalidez y acechado por cazadores de hombres. El Tolomín herido, enfermo, en extre-
ma pobreza, y oculto en un albergue míse-
ro, merecía un amor que resumiera todos
los amores humanos: era, pues, para Lucila,
el prójimo, el amante, el hermano, el niño
desvalido, á quien la cariñosa vigilancia
materna defiende de la muerte en todos los
instantes. El inmenso padecer de aquella situación no había entibiado el ardiente amor
de Lucila: por el contrario, la abnegación,
fundiéndose con él, llegaba á constituir un
sentimiento formidable, y del fondo de tanto
infortunio brotaban espirituales goces. Por
todos los bienes de la tierra, ofrecidos y da-
dos en montón, no cambiara Lucila su vida
de sacrificio y de protección en aquellos
días, y antes muriera cien veces que abandonar al desgraciado Capitán, aun sabiendo
que le dejaba en manos salvadoras. Y era
mayor el mérito de su paciencia enamorada
cuando se daba á pensar soluciones y no en-

contraba ninguna. Especiales accidentes de
su vida, que aún no conoce bien el historia-
dor, dieron á la hija de Ansúrez, dos años
antes, ocasiones de valimiento en dos lugares donde residía todo el poder humano; pero
ni en uno ni en otro sitio podía ya solicitar
socorro. En el Convento de Franciscanas de
la Concepción no querían ni verla siquiera,
como no fuese allá con propósito de reingre-
sar en la vida religiosa y de abominar de
sus culpas pasadas y presentes; en Palacio,
las amistades que creó y mantuvo con su
leal servicio habían perdido ya toda su eficacia.

No podían faltar á Lucila, cuando conci-
liaba el sueño en las tristes noches del pa-
lomar, pesadillas angustiosas. Consistían
siempre en la súbita presencia de la policía.
Soñando que estaba despierta, veía la moza
entrar en la estancia hombres con linternas,
y uno de ellos se adelantaba con mal gesto
y decía: "No moverse, no hacer resistencia,
no negar lo que no puede negarse, que ya
nos conocemos, señor Capitán D. Bartolomé
Gracián.„ Por acostumbrada que estuviera la
mujer á tan terrorífico ensueño, siempre
despertaba de él sin aliento, el corazón disparado... ¡Bartolomé Gracián! Habría querido Lucila anular este nombre, suprimirlo,
arrojarlo á los senos de la Nada, donde, á su
parecer, están las cosas que no han existido
nunca. De este modo, eliminado aquel nombre de todas las partes del Universo, queda-
ría en salvo la persona que lo llevaba. Jamás

lo pronunciaba con el rigor de sus letras, y el familiar mote de *Tolomé* que en días felices usaba, lo fué cambiando sucesivamente en *Tolomín*, luego en *Tomín*, con tendencias á extremar la síncopa pronunciando tan sólo *Min*. El apellido, aquel *Gracián* tan sonoro y expresivo, lo declaraba caducado y sin valor acústico, como perteneciente á los dominios del silencio.

Amaneció el 20 de Noviembre con intermitencias de llovizna y despejo del cielo. Antes de que el herido despertara, Lucila se levantó diligente, y puso mano en la limpieza y arreglo de la vivienda mísera: á bien poco se reducía su trabajo; pero se daba el gusto de variar el sitio de algunas cosas y de sacudir el polvo de las prendas de vestir. Viendo á su amigo desperezarse, le dijo: "Min, voy á hacerte tu chocolatito.„ Las primeras palabras de Tolomé fueron éstas: "Dime, Cigüela, ¿ha caído Narváez?

—Hijo, no sé... no he oído nada.

—Entonces lo he soñado yo. Sí, sí, sueño ha sido; pero tan claro como la misma realidad. Las Reinas Hija y Madre despedían á Narváez, como en aquellos días del *Relámpago;* pero ahora con peor sombra para Don Ramón, porque no volvían á llamarle, y formaban un Ministerio eclesiástico... No te rías: á esto hemos de llegar, si no lo remedia quien puede remediarlo, que es el Santo Ejército. España vive siempre entre dos amos: el Ejército y la Clerecía: cuando el uno la deja, el otro la toma. ¿Duermen las espadas?, pues se despabila el fanatismo. Tan despierto anda, que me parece que estamos en puerta... ¿no lo crees así?

—Yo no entiendo de eso, hijo mío,—replicó Lucila engolfada en su trajín.

—Y el propio D. Ramón, ó Figueras, ó Lersundi, serán los primeros que saquen los batallones á la calle. Dime que sí, Lucila: dame esa esperanza.„

Afirmó Cigüela todo lo que él quiso, y le regaló el oído con la confirmación de las ideas que manifestaba. "No hay España sin Libertad, y no hay Libertad sin Ejército—prosiguió Tomín, enardeciéndose más á cada frase.—Al Ejército debe España sus progresos, y el tener cierto aire de familia con los pueblos de Europa... No hablen mal de las revoluciones los que son personas y llevan camisa por haberse pronunciado. ¿La sedición qué es? El instinto de la raza española que por no caer en la barbarie, da un grito, pega un brinco, y en su entusiasmo viene á caer un poquito más acá de la Ordenanza. Dime que piensas como yo.

—Sí, hijo, todo está muy bien pensado,—y llegándose á él calzada con los borceguíes rojos y puntiagudos de las brujas de Macbeth, añadió:— *Min*, tú serás General.„

Aquel día, iniciada ya la reparación de su organismo, Bartolomé estuvo muy animado, y algunos ratos locuaz. Se desayunó con apetito, y cuando llegó la hora de la cura y abluciones de la mañana, sometióse sin remusgar á los requerimientos de su cariñosa enfermera. Quiso ésta que hiciese nuevo ensayo de andar un poquito, probando el renaciente vigor de la pierna herida, y él aceptó gozoso la idea. Poco tardó Lucila en vestirle, á medias, echándole una manta por los hombros, pues no había de salir del cuarto, y puesto en pie con algún dolorcillo en los remos inferiores, comenzó el paseo. "Daremos diez ó doce vueltas en la Plaza de Oriente—le decía Cigüela llevándole bien agarradito á lo largo del tabuco,—y luego pasearemos á lo ancho, ó sea desde el Teatro Real á la Puerta del Príncipe. No dirás que no estás fuerte, *Min*. De anteayer á hoy ¡qué mejoría tan grande!

—Dí: ¡qué progreso! Esto es progresar, Lucila... En los primeros pasos me ha dolido un poco la pierna. Ya no siento nada. En todo progreso pasa lo mismo. Duelen los primeros pasos... Oye una cosa: no te olvides hoy de traerme *El Clamor*... Me traerás también *La Nación* y *La Víbora*.

—*La Víbora* me parece que no sale ya.

—Habrá disgustado á la Camarilla... Pues me traerás otro papel cualquiera: *El Mosáico, El Duende Homeopático*. La cuestión es leer...,,

A la vuelta de su paseo, que le probó muy bien, recobró su actitud perezosa en el camastro bien mullido. Cigüela se puso á coser, preparándose para salir en busca de recursos con que prolongar un día más la existencia de ambos, problema inmenso, cuyas angustiosas dificultades ella sola conocía.

3

Taciturna estaba la moza, el Capitán despejado y comunicativo. Su locuacidad le llevó pronto al optimismo y al mental derroche de proyectos, contando con un risueño porvenir. Véase la muestra: "Tú me has dicho que seré General; me lo has dicho por consolarme. Tu profecía puede ser un halago, y puede ser una gran verdad... Porque... fíjate bien, Cigüela... lo que no ha pasado todavía, pasará mañana, ó la semana que viene. Narváez cae lanzado de un puntapié: triunfan las monjitas y sus valientes capellanes. ¡Viva la Inquisición!... Pero no cuentan con la vuelta: que estas partidas siempre la tienen; y el perro que han echado de casa es de mala boca, mordelón rabioso cuando lo azuzan. Corren los días, dos semanas no más, y el de Loja, con tres ó cuatro Generales, saca las tropas de sus cuarteles y tira con ellas por la calle de en medio. La revolución viene á poner las cosas en su lugar. El Ejército gobierna, y la Clerecía escupe... Vuelve todo á ser como Dios manda, ó como manda la Libertad... Primer efecto: indulto general á los que por la Libertad y la Constitución del 12 ó del 37 faltaron á la Ordenanza... Pues aquí me tienes pasando de condenado á recompensado. En estos casos, la costumbre es celebrar el triunfo concediendo á toda la oficialidad un ascenso, ó dos ascensos... casos hubo de tres. Me verías pronto restituído á lo que fui, saltando de Capitán á Teniente coronel... De ahí para arriba... figúrate. Cualquier servicio en persecución de los *rebeldes*, que rebeldes habrá con éste ó el otro nombre, me dará los tres galones. Luego... tú fíjate en lo que tardó Riego en subir de Comandante á General...„

Hizo Lucila un gracioso mohín, como indicando que no sabía la Historia suficiente para dar su opinión de aquellos asuntos, y él continuó impávido: "Pasa tu vista por todos los Generales que tenemos, y veme señalando los que en tal ó cuál punto de su carrera no fueron condenados á muerte, ó no merecían serlo por sediciosos, por faltar á esa preciosa Disciplina. Imagina tú el cumplimiento estricto de la Ordenanza en lo que va de siglo, y dime lo que con ese cumplimiento estricto sería la Historia de España. Tendrías que decirme una cosa que ya sé, y es que con la Ordenanza virginal no habría Historia de España, ó sería tan sólo una página muy aburrida y muy negra de la Historia Eclesiástica.„

Recomendóle Cigüela que no se ocupara de política ni pensara en revoluciones. Si éstas venían, muy santo y muy bueno; pero si no querían venir, ¿á qué repudrirse la sangre por traerlas fuera de tiempo?... No podía extenderse á más largo palique sobre estas materias, porque ya era hora de lanzarse á la calle en busca de medios de vida. Mucho sentía dejarle solo; creía que no llevaba consigo más que la mitad del alma, alentada por los afanes, dejándose allí la otra mitad con los pensamientos de vigilancia y temor. ¿Pasa-

ría algo en su ausencia? Al volver, ¿le encontraría como le dejaba?... Una y otra vez
le recomendó que no se moviera de su lecho, que no cayese en la mala tentación
de levantarse y salir al ventanal, que no
hiciese ruido y permaneciera quietecito, leyendo las entregas descabaladas, que ella
había traído, de *La Italia Roja, Historia de
las Revoluciopes*, por el Vizconde de Arlin-
court, obra que, aun leída en sueltos reta-
zos, debía de ser de mucho entretenimiento... Mutuas ternezas. "Adiós, adiós„...
"Que vengas prontito„... "Volaré.„

IV

Una sola persona (sin contar el viejo Ansúrez y los dueños de la casa, calle de Rodas)
poseía, por confianza de Lucila, el delicado
secreto de aquel escondite en altos desvanes:
era una monja exclaustrada con quien la
linda moza tenía amistad, contraída super-
ficialmente en el Monasterio de Jesús, rea-
nudada con honda cordialidad fuera de la
vida religiosa. En ésta se llamó Sor María de
los Remedios; su nombre de pila era Domiciana, y había vuelto al mundo de una manera un tanto irregular, por enferma de locura, que se estimaba incurable. El delirio
que padeció consistía en la idea fija de ahor-
carse, en otras manías inocentes, pero in-
compatibles con la vida de contemplación,

en el furor de gritar y de ofender cruelmente á personas eclesiásticas muy respetables,
todo lo cual determinó el designio de devolverla sin violencia ni escándalo á su padre y
hermanos para que la cuidasen, y corrigie-
ran sus desvaríos por el método doméstico, con paciencia, cariño y honestas distrac-
ciones.

Volvió, pues, Domiciana á su casa y al amparo de su familia, que era de origen extremeño, establecida en Madrid, calle de Toledo, desde tiempo inmemorial, con el negocio de cerería; y no bien tomó tierra en el
hogar paterno, acomodóse lindamente al vivir secular, echando, como si dijéramos, un
nuevo carácter. Ansiaba morar con los suyos,
ver gente, ocuparse en menesteres gratos,
lucidos, y de eficacia inmediata para la vida.
Pasado algún tiempo, no se mordía la lengua para decir que su temprana inclinación
religiosa no había sido más que una testaru-
dez infantil, nacida del odio á su madrastra,
y fomentada por un sacerdote de cortas luces, amigo de la casa. Cayó la venda de sus
ojos algo tarde, cuando ya su irreflexiva determinación no tenía remedio, y del despecho, más aún de las ganas recónditas de libertad, le sobrevino aquel destemple nervio-
so con ráfagas cerebrales, que se manifestaba en la necesidad irresistible de correr
r los claustros, en imitar con destemplada
z los pregones callejeros, y á veces en liar-
al pescuezo una cuerda con lazo corredi-
. Esto ponía la consternación y el espanto

en sus tímidas compañeras, pues aunque nunca tiraba del lazo lo bastante para estrangularse, hacíalo hasta ponerse roja como un pimiento y echar fuera un buen pedazo de lengua.

Lograda al fin la libertad en la forma que se ha dicho, en todo tuvo suerte Domiciana, pues como por ensalmo se le curaron aquellas neuróticas desazones, y entró en su casa en circunstancias felicísimas. La madrastra que motivó su reclusión religiosa se había muerto, y casado en cuartas nupcias el honrado cerero D. Gabino Paredes, había enviudado por cuarta vez. No había, pues, mujer en la casa, y Domiciana podía campar con todo el imperio que apetecía, así en la familia como en el establecimiento. Antes de seguir, conviene dar noticia del patriarcalismo matrimonial de aquel D. Gabino, varón inapreciable para rehacer una comarca despoblada por la emigración. De su primer matrimonio, que sólo duró tres años, tuvo dos hijas, que el 50 vivían: la una era monja en Guadalajara, la otra casó con un cerero de la misma ciudad. De la segunda mujer nacieron siete hijos, de los cuales vivían sólo Domiciana y dos hermanos que se habían ido á América. El tercer matrimonio dió de sí ocho vástagos, en seis partos, y el cuarto cinco. De estas trece criaturas sólo vivían en 1850 tres varones, dos de los cuales habían seguido la carrera eclesiástica y desempeñaba cada cual un curato en pueblo de la Mancha: el Benjamín, llamado Ezequiel, trabajaba en la cerería al lado de su padre, y era un bendito, todo mansedumbre y docilidad. Había llevado al censo el buen Don Gabino cuatro mujeres y veintidós hijos legítimos... El censo de los naturales lo formaban las malas lenguas del barrio.

Si afortunada fué Domiciana al encontrarse, en su regreso al mundo, sin madrastra y con la menor cantidad posible de hermanos, no fué menos dichoso el cerero al recobrar á una hija que pronto reveló su extraordinaria utilidad. Pasados los primeros días, Domiciana se reconoció continuadora de su historia personal anterior á la vida del convento. Había sido ésta como un paréntesis, como un sueño, del cual despertaba con cierto quebranto del alma, pero sintiéndose poseedora de cualidades que no eran menos positivas por haber dormido tanto tiempo. No tardó en revelar su carácter mandón y autoritario: lo estrenó desbaratando un nuevo plan casamentero de su padre, que aún se sentía, con senil ilusión, llamado á enriquecer el censo. Andando días desplegó en el gobierno de aquella industria dotes de administradora, y puso puntales á la ruína. Con tantas nupcias, partos y viudeces, con tantísimos bautizos y crianza de criaturas, y principalmente con el desbarajuste de Don Gabino en los últimos años, la cerería no se hallaba en estado muy floreciente. La concurrencia de establecimientos similares, la falta de tacto y agudeza para retener á la feligresía tradicional, y el desmayo crecien-

te de la fe religiosa, obra del tiempo y de la
política, habían traído desorden, atrasos,
dispersión de parroquianos, deudas. A todo
esto quiso Domiciana poner remedio con
firme voluntad, practicando el axioma de
"principio quieren las cosas„.

En esta empresa de reparación, la ex-monja no habría encontrado el éxito si no em-
pleara como instrumento de autoridad un
genio áspero, y fórmulas verbales de maestro de escuela. Su padre, que al principio
protestaba y gruñía, se fué sometiendo con
un espíritu de transacción parecido al miedo;
Ezequiel y el dependiente Tomás obedecían
silenciosos, y al fin, entrando grandes y
chicos por el aro, todos comprendían lo saludable de aquel método de gobierno. Subía
de punto el mérito de Domiciana haciendo
estas cosas con apariencias de no hacer nada.
Diez ó doce meses habían transcurrido desde
su evasión, y vivía confinada en el entresuelo, sin bajar á la tienda y taller. Los parroquianos y los amigos de casa, clérigos en su
mayor parte, que solían armar su tertulia
las más de las tardes á la vera del mostrador
ó en la trastienda, rara vez la veían, y ella
no se cuidaba de que formaran idea ventajo-
sa de su regeneración mental; antes bien le
convenía que la opinión dijera y repitiera por
todo el barrio: "Sigue tocada la pobre... aunque tranquila y sin molestar á nadie„. Obra
lenta del tiempo fué la corrección de este juicio; al año y medio ya era público y notorio
que Domiciana gozaba de excelente salud.

Observándola en la intimidad, fácilmente
se descubría en la hija del cerero la mujer
de iniciativa, de personalidad propia en su
organismo intelectual y ético. Lejos de poner toda su atención en la industria cerera, se lanzaba con ardor á nueva granjería,
partiendo de aficiones y conocimientos ex-
perimentales adquiridos en el claustro. Pro-
cedía en esto por imperiosa moción de su
voluntad, y además por cálculo egoísta. Más
de una vez había pensado que á la muerte
de D. Gabino (la cual por ley de Naturaleza no podía estar lejana), la parte de cerería
que á cada uno de los hijos tocase no habría
de sacarles de pobres. Y como ella anhelaba libertad y no quería vivir á expensas de
sus hermanos, procuraba labrarse con afanes de hormiga un peculio propio, que le
asegurase vejez holgada, independiente. Ved
aquí por qué, sin desatender el negocio de
su padre, cultivaba en reservado laboratorio
sus artes y preparaciones propias. Trasladó
la sala al despacho de D. Gabino, éste á un
rincón de la tienda, tras una mampara de
cristales, y en la sala instaló lo que podríamos llamar herboristería ó droguería, con
unos trozos de anaquel que compró en el
Rastro, dos hornillas, mesa alta para el filtro
y pesos, y otra pequeña, por el estilo de las
de los zapateros, destinada á las manipula-
ciones que exigían largas horas de atención
y paciencia. Enorme cantidad de hierbas
tintóreas, cosméticas ú oficinales difundían
variados aromas en la estancia, ya colgadas

del techo en ramos, ya guardadas en cajon-
cillos. No digamos que Domiciana cultivaba
la Botánica y la Química, sino que era una
profesora empírica de arte herbolario y de
alquimia doméstica.

Pocas personas veían á la monja en su re-
tiro de alquimista, y la única que en él á
todas horas tenía entrada era Cigüela. Amistad y confianza recíproca las unían, á pesar
de la diferencia de edades. Se conocieron en
Jesús durante tres penosos días, que fueron
los últimos de Domiciana y los primeros de
Lucila en el convento, y cuando salió ésta,
buscó amparo junto á la exclaustrada, que
á su servicio la tuvo dos meses largos. En
la triste situación á que había venido la hija
de Ansúrez, la que fué su ama y era siempre su amiga le daba consuelos y socorro;
pero no lo hacía sin echar por delante expresiones agrias, creyendo que la guapa moza necesitaba corrección moral tanto como
auxilios de boca, y que los buenos consejos
y las lecciones dolientes para uso de la con-
ducta no serían menos eficaces que el chocolate ó el pan. Entró Lucila en el laboratorio, y fatigada se sentó después de un breve
y cordial saludo.

"¿Ya estás aquí otra vez?—le dijo Domiciana, que aunque se alegrara de verla, no
dejaba de emplear esta fórmula displicente.
—Pues hija, ya podías comprender que no
puedo socorrerte tan á menudo... Lo que
entra por cera no da más que para el gasto
de casa. Muy deslucidas han sido las Ani-

mas este año, y nadie diría que estamos en
Noviembre... Pues el Adviento también se
nos presenta muy mediano. ¿Qué tenemos
ahora? La novena de San Nicolás de Bari,
que da poco de sí. La de la Purísima será
otra cosa. Ten paciencia, espérate y...„

Incapaz de formular un exordio apropia-
do á la pretensión que llevaba, Lucila no
hacía más que suspirar hondo, metiéndose
en la boca las puntas del pañuelo. Y Domiciana, que jugar solía con la ansiedad de las
personas que más amaba, enseñándoles el
bien que pedían y guardándolo después,
dió estos puntazos, con dedo muy duro, en
el dolorido corazón de su amiga: "No se te
puede favorecer todos los días. Vaya, vaya:
tenemos aquí una historia que no se acaba
nunca... ¿Pero cuándo se muere ese hombre, ó cuándo lo prenden y se lo llevan á Filipinas, para que descanses tú y descansemos todos?„

Estas expresiones, dichas con fría crueldad, desbordaron la pena de Lucila, que se
deshizo en llanto, arrimando su cabeza á la
estantería cercana. Y la otra, cambiando el
juego mortificante por el juego compasivo,
le dijo, sin abandonar su tarea: "Para, para,
hija, que con tanta llorera le metes á una el
corazón en un puño. Ya sabes que no te dejaré marchar con las manos vacías. Domiciana tiene siempre para tí las dos, las tres
onzas de chocolate, media hogaza y un par
de reales de añadidura. No lloréis más, ojuelos; sosiégate, corazón...

V

—Aunque usted se enfade, aunque usted me pegue—contestó Lucila sacando las palabras del seno de su intensa amargura,— le digo... Domiciana, le digo que no he venido por la limosna que suele darme, para un día, ó para tres... Ya sé que eso, su buen corazón no me lo niega... Domiciana, no vengo á eso... Pégueme, Domiciana, pero... yo le digo que estoy atribuladísima... Un miedo horrible, un presentimiento... Imposible guardar mucho tiempo más el escondite de Tolomín... Siento los pasos de la maldita policía... los siento aquí, en mi corazón... ¡pum, pum!... ya vienen... y si cogen al pobre Tolomín, yo, Domiciana... yo... Nada; pasará una de estas tres cosas: ó me muero, ó me mato... ó mato á alguien. Créalo usted: soy una leona; pero una leona... Figúrese una madre á la que le quitan su hijo, un niño chiquitín... Pues Tolomé perseguido, condenado á muerte, herido y enfermo, es para mí como una criatura... Hasta me parece que le he dado la vida... Y se la doy, sí: yo me hago cuenta de que se muere todos los días, y que lo resucito con mis cuidados, con mis ternuras, y con este afán grandísimo de que viva y se salve... Domiciana, se lo digo á usted aunque me pegue. Se me ha ocurrido sacar á Tolomé de

Madrid, ponerle en salvo, huyendo con él á
Portugal ó á Francia. Vea usted lo que he
pensado... es una gran idea... Sí, dígame
que sí, Domiçiana, y dígame también que
me ayudará á salvarle, á salir de este infierno. Vivir como vivimos es peor que la
muerte... Usted me ayudará, usted me dará
lo que necesito para hacer por ese hombre
desgraciado lo que harían una madre y una
hija, una hermana y una esposa, porque
todo eso junto soy y quiero ser yo para él.

—Válgate Dios por lo enamorada—dijo la
ex-monja mirándola con seriedad, en la
cual no era difícil sorprender algo de admiración.—Bueno: pues dime ahora cuál es tu
plan. ¿Conoces las dificultades de una fuga
semejante? Tendréis que salir disfrazados.
Y el dinero para esa viajata, que habrá de
ser en coche, ¿dónde está? ¿Has creído que
yo podré dártelo?

—Sí que podrá... Los gastos no subirán
mucho, Domiciana. Le diré mi plan para
que se vaya enterando. Lo primero ha de
ser comprar un burro... ¿Se ríe? Todo lo
tengo muy estudiadito... Un burro necesito, porque nos disfrazaremos de gitanos. La
ropa no la tengo; pero sé dónde está y lo que
ha de costarme, que es bien poco.

—Realmente, tú no harás mal tipo de gitana; pero él... ¿Es muy guapo?

—Mil veces he dicho á usted que es gua-
písimo, Domiciana, y nunca se entera.

—¿Pelinegro?

—Sí... Pero los ojos son azules. Tiene tal

hechizo en el mirar—dijo Cigüela con in-
genua sinceridad descriptiva,—que no puedo explicar á usted lo que una siente cuando
Tomín habla de cosas que llegan al corazón...

—Ya, ya—murmuró Domiciana perdida
la mirada en el espacio, en persecución de
una imagen ideal, fugitiva.—Ojos azules,
color trigueño... como nuestro Señor Jesucristo... Bueno: pues te digo que no hareis
Tomín y tú pareja de gitanos, y no resultando el disfraz, corréis peligro de que os
sorprendan en el camino y os maten... Conozco la manera de dar á la tez el color
agitanado... Para esto se emplea el sándalo
rojo, mezclado con vinagre fuerte dos veces
destilado, y añadiendo alumbre de roca, mó-
lido... Para lo que no hay secreto de alquimia es para trocar en negros los ojos azules...
y como saques á tu hombre con ojos azules
y vestido de gitano, cátate descubierta y él
preso y pasado por las armas.„

Desconcertada, Lucila miró á su amiga,
como pidiéndole que al rebatir y desechar
una solución propusiese otra.

"Más seguro será, tontuela, que le disfraces de amolador—prosiguió la exclaustrada.—¿No me has dicho que habla francés?

—Sí: lo hablaba de niño, y aún le queda
el acento. Su madre era francesa; se ape-
llidaba Chenier. El dice que por el nombre
materno tiene la revolución en la sangre.

—Pues el habla francesa se apareja muy
bien con los ojos azules, siempre que el pelo

sea rubio. Aquí tengo yo la lejía para teñir
de rubio los cabellos—dijo Domiciana mos-
trándole un frasco que contenía substancia
opaca.—Sé hacerla, y surto á dos señoras
morenas que quieren ser rubias. Tomo dos
libras de ceniza de sarmientos, media onza
de raíz de brionia y otro tanto de azafrán de
Indias; le añado una dracma de raíz de lirio,
otra de flor de gordolobo, otra de estaquey
amarillo; lo cuezo, lo decanto, y ya está.
Lavando el pelo de Tomín seis ó siete veces, se lo pondrás rubio como el oro; le afei-
tas para no tener que pintar la barba y bi-
gote, y con esto y un poco de francés cha-
purrado, ya le tienes de perfecto amolador.
Por poco precio, puedes proporcionarte la
piedra de asperón y todo el aparato. Toma
tu hombre unas lecciones de ese oficio, y
salís por esos pueblos, él amolando y tú tocando el chiflo para pregonar la industria...
—Tomín no puede afilar por causa de la
herida en la pierna—dijo Cigüela reflexiva,
argumentando en contra, pero sin rechazar
en absoluto la tesis amolatoria.—Gracias que
se tenga en el burro, y que podamos caminar en jornadas cortas. Yo he de ir á pie,
arreando... Además, los afiladores son mal
mirados en los pueblos, y si diera la gente en
creer que llevamos algunos cuartos, nos haría alguna mala partida... Si él estuviera
bueno, y pudiera, de pueblo en pueblo, amo-
lar de verdad, cobrando poco, escaparíamos
bien... Desde luego es mejor idea que la de
agitanarnos. Pero de seguro habrá un tapa-

dijo más seguro. Búsquelo, invéntelo, usted que discurre tan bien y tiene la cabeza fresca. La mía es un horno, y no saco de ella más que disparates.„

Cambió el rostro de Domiciana, recobrando la orgullosa expresión de confianza en sí misma y de sábelo-todo. "Pues solución verdadera y segura no hay más que una, Lucila — le dijo levantándose,—y vas á saberla... Pero como la cosa es larga y tenemos que hablar mucho, bueno será que te quedes aquí toda la tarde... Ya no tienes que *correr* tras la pitanza, porque asegurada la tienes por mí. En pago de ella y del consejo que voy á darte para tu salvación y la de ese caballero, me ayudarás en mis tareas. Quítate el pañuelo de manta; ponte este delantal, siéntate delante de mí, coge el almirez, y entretente en moler estas dos onzas de almendras amargas, que ya están peladas, y una dosis de alcanfor, que voy á darte bien medida... Has de moler hasta que estén unidas las dos materias y formando una pasta... Yo prepararé un frasco de *Leche de rosa*, que me han encargado para hoy mismo... Trabajemos aquí las dos, y hablemos. Cuenta te tiene oirme, y más cuenta reflexionar en lo que me oigas.„

Hizo Lucila cuanto Domiciana la ordenaba, y calló esperando la solución y consejo, no sin temor y ansiedad grandes, pues siempre que su amiga hablaba en aquella forma, era para proponer actos difíciles, si por un lado saludables, por otro dolorosos. Un rato estuvo la ex-monja trasteando junto á una credencia de la cual sacó botellas y tazas con diferentes líquidos. Después, sin hablar palabra, por tratarse de una mixtura que reclamaba toda su atención, midió diferentes porciones, ya con cucharillas, ya con cazos; coló el aceite de oliva, le añadió gotas de aceite de tártago, y cuando su labor parecía vencida en su parte más delicada, dijo á su amiga: "Esta es la *Leche de rosa*, que hago con todo escrúpulo y sin omitir gasto, para una señora Marquesa que la emplea como lo mejor que se conoce para la conservación de la tez. Con eso que tú mueles hago el jabón de tocador que llamamos *de lady Derby*, cosa rica, y por tanto un poquito cara. Te daré lección, si quieres; podrás hacer la *Pasta de almendras* para blanquear las manos, y el *Agua de carne de ternero para calmar los picores de la piel*... Con todo esto bien preparado y bien servido á los que saben y pueden pagarlo, se gana dinero, y se combate la ociosidad, que es la madre de todos los vicios...„

Hizo los últimos trasiegos, se lavó las manos, y parándose con los brazos en jarras junto á Lucila, la contempló risueña, y aprobó con monosílabos expresivos su trabajo. La infeliz moza majaba en el almirez con fe y aplicación, acompañando el movimiento de la mano con hociquitos muy monos, sin artar del fondo del mortero su atención stenida. "¡Qué bien va eso, Lucila! Cuanlo acabes, te pondré á majar, en distinto

4

mortero, jibiones, ladrillo rojo y palo de Rodas con otros ingredientes, para tamizarlo y
hacer *Polvo de coral*...

Era Domiciana de mediana estatura, bien
dotada de carnes, airosa de cuerpo, desapacible de rostro, descolorida, ojerosa, negros
los ojos, la ceja fuerte y casi corrida. Si de
media nariz para arriba podría su cara pretender la nota de hermosura, del mismo
punto hacia abajo ganaría fácilmente el premio de fealdad por la nariz un tanto aplas-
tada y la conformación morruda de la boca,
de labio gordo tirando á belfo. No era fácil
designar su edad por lo que de ella se veía:
declaraba treinta y ocho años. De la vida
claustral le habían quedado los ademanes y
compostura señoril, en visita ó ante personas extrañas, y el habla fina, correcta, en
muchas ocasiones atildada. Quedábale también la costumbre de expresar su pensamiento graduando la sinceridad por dracmas y
hasta por escrúpulos, según le convenía.
Entre lo adquirido al reaparecer en el mundo, se notaba la asimilación de algunas voces nuevas de reciente uso social y callejero,
y el cuidado de la dentadura, buena por sí y
mejorada con la *Lejía jabonosa* y los *Polvos de coral*. Era un excelente muestrario
de su industria. Continuaba vistiendo mo-
destamente de negro. En visita, nunca se
desmintió la monja encogida que por graves
motivos de salud había tenido que volver á
la casa paterna, y su conversación copia-
ba el prontuario de todas las muletillas de

respeto para cosas y personas, así huma-
nas como de tejas arriba. Su voz no era gan-
gosa, sino bien timbrada y de variadas in-
flexiones. Lo más bello de su cuerpo eran
brazos y manos.

Pues como se ha dicho, Lucila machaca-
ba en silencio, aguardando la ansiada solución, que la maestra no quería soltar sin
preámbulos. Sentóse Domiciana junto á la
mesa que parecía de zapatero, frente al sitio
que ocupaba Lucila, y se puso á dividir en
pequeñas dosis, medidas con una conchita,
ciertas cantidades de polvo de rosa, de iris
en polvo, de goma molida, y á guardarlas
en papelillos doblados á lo boticario. Luego
formó dosis más grandes de nitro, de estora-
que, de clavillo y canela, midiendo con
cáscaras de nuez, y cuando estaba en lo
más empeñado de su trajín rompió el silencio con estas palabras, que resultaron so-
lemnes: "Si quieres salir pronto y bien de
esa terrible situación, y salvar á tu hombre y salvarte tú, en tu mano está. El
camino es corto, Lucila. No hace falta más
que un poco de resolución y... Fuera miedo, fuera escrúpulos. Te vas al convento,
pides ver á la *Madre;* la *Madre* te recibirá
gozosa; te armas de valor, le cuentas tus penas; la *Madre* te oye como ella sabe oir; tú
lloras un poquito, naturalmente: la *Madre*
te consuela, te anima; le dices toda la verdad, todita, Lucila: quién es ese hombre, lo
que ha hecho, la crueldad con que es perseguido... y para que no se te quede nada por

decir, le cuentas cómo le conociste; haces
la pintura de... de... lo guapo que es, del
amor que le tienes, y... Hija, como hagas
esto, según yo te lo digo, ten á tu Tomín por
salvado...„

Lucila estupefacta, suspensa, miraba á su
amiga como si dudara de lo que oía. Los
morros de Domiciana, al soltar la palabra,
le hacían el efecto de una trompeta de son
estridente, desgarrador.

VI

"¡Pero usted se burla, Domiciana!—le dijo al fin Lucila cuando el estupor dió paso á
la expresión clara del pensamiento.—¿En serio me aconseja que le cuente esto á la
Madre y le pida su protección?

—Seriamente te lo digo... y tan cierto tendrás su divina protección como éste es día.
Yo la conozco bien. Por grande que sea la
culpa de Tomín, si le pides á la *Madre* el
indulto, lo tendrás... Tus planes de escapa-
toria son desatinados. Si no vas por el camino que te marco, tú y tu capitán estáis perdidos... Fuera de este camino, no veas más
que la muerte... ¡y qué muerte, pobrecilla!

—¡Ay, Domiciana: de una amiga como
usted, que me quiere de veras, no esperaba
yo ese consejo!—exclamó Cigüela triste, dolorida.

—¿Dudas que la *Madre* pueda sacarte de

ese Purgatorio? El poder de la *Madre* es tal,
que con escribir su voluntad en un papelito
y mandarlo á donde guisan, hace y deshace
los acontecimientos, así en lo grande como
en lo chico. Y diciendo ella "esto quiero„
no valen para impedirlo todos los Narváez
del mundo con sus bufidos de mal genio, ni
la caterva de monigotes viles que llaman Ministros, los cuales no son más que refrenda-
dores de lo que manda... quien manda. Ya
tú me entiendes. Como la *Madre* diga: "so-
breséase la causa del Sr. Tomín, y désele
encima jamón en dulce„, ya puede estar
tranquilo tu amigo... Los que hoy le persi-
guen, le ayudarán á ponerse las botas para
que se vaya á su casa, y luego, cuando le
vean paseándose libre por la calle, le harán
mil carantoñas.

—Creo en el poder de la *Madre*—dijo Lucila,—creo también que sirve pero no de balde. Si concede un favor á tal ó cuál persona,
es á cambio de otro favor, ó de que la ado-
ren como á los santos. Nadie me lo cuenta,
Domiciana; lo he probado por mí misma.
Cuando empezó este martirio mío, no sabiendo á quién volverme, fuí al Convento á pedir
protección. La *Madre* no quiso recibirme. Sor
Catalina, que siempre fué conmigo muy cariñosa, me dijo que si quería protección para
mí, ó para persona que me interesara, debía
edirla de rodillas con todas las señales del
rrepentimiento, renegando de mi libertad,
ejándome encerrar y corregir con remuchí-
imo aquél de severidad... Buena cosa que-

rían: cogerme, arrancarme el corazón que tengo, y ponerme otro de papel para que con él sintiera lo que ellas sienten: nada... la muerte... ¡Y por casa un sepulcro, y por ocupación el aburrimiento!... Esto no me conviene, esto no es para mí.

— Pero, Lucila—dijo la otra apoderándose de un argumento que creía de grande eficacia,—¿tú crees que en este mundo se logran nuestros deseos sin algo de sacrificio? ¿Querías tú que la *Madre* te salvara al hombre por tu linda cara, dejándole en libertad para seguir ofendiendo á Dios?... Ponte en lo razonable, y no esperes que te saquen de este pantano sin que digas: "A cambio de la vida y de la libertad de ese hombre, ahí va la libertad mía, ahí va mi amor; doy también mi vida: á Dios me ofrezco toda entera para que Dios, por mediación de sus ministros... ó ministras, devuelva la paz á un desgraciado., Esto es lo meritorio, esto es lo cristiano.

—Eso...—dijo Lucila desdeñosa, disimulando su enojo con una violenta presión de la mano de mortero sobre la pasta,—eso se lo cuenta usted á quien quiera. Lo cristiano es favorecer al prójimo sin pedirle nada.

—Veo que no tienes pizca de trastienda, Lucila; por eso eres tan desgraciada, y lo serás siempre. Si llevas al convento tus cuitas y las cuitas del caballero de los ojos azules, ¿qué ha de pedirte la *Madre* á trueque de la salvación del sujeto? Pues nada entre dos platos. Te darán cama y comida;

te mandarán que confieses, no una vez, sino muchas. Ningún trabajo te cuesta confesar, ni el confesar á menudo con las penitencias consiguientes es para matar á nadie. Te sometes, te santificas, sufres un poquito, trabajas, rezas. De tu aburrimiento y soledad te consuelas pensando que el caballero está en salvo, que la policía no se mete con él, que le dan el ascenso, y vive bueno y sano, engordando y poniéndose cada día más guapetón.

—Domiciana—dijo Lucila traspasando á su amiga con la mirada,—ó es usted una hipócrita y me recomienda la hipocresía, ó es la mujer sin corazón, la mujer muerta, que así llamo á las que se han dejado secar y amojamar en los conventos, convirtiéndose en animales disecados como los que están en la Historia Natural. Cuando la conocí á usted en *Jesús*, la tuve yo por mujer viva; pero ahora me habla como las muertas. No sabe lo que es amor, no tiene idea de él; tiene el corazón hecho cecina, y con la uña me ha desgarrado el mío, que vive y sangra... Domiciana, no sea usted cruel, no me martirice...

—Tontuela, yo seré todo lo marchita que tú quieras; pero sé discurrir y veo las cosas con claridad—replicó Domiciana ansiosa de mortificarla.—Para que te salven al caballero ese, tienes que renunciar á él, ser mujer muerta. ¿Pues qué quieres, niña? ¿Que la religión te saque de este mal paso y encima te dé cabello de angel y tocino del

cielo? No puede ser. Si quieres que él viva,
es preciso que tú te amojames... Ya sé yo lo
que temes... Aunque desconozco el amor,
¡maldito amor!, he calado lo que piensas.
Tú dices: "¡Pues estaría bueno que mientras yo me estoy aquí reza que te reza y se-
cándome y acecinándome, mi Tomín, salvado por mí, ande por esos mundos divirtién-
dose con otra!„ ¿Acierto?

—Eso he pensado, sí. No quiero, no, ven-
derme á las monjas por la salvación de
Tomín.

—Pues mira tú: hay un medio de conci-
liarlo todo. Te vas á *Jesús*... haces tu trato
con la *Madre;* te encierras, te dejas discipli-
nar y penitenciar todo lo que quieran...
siempre con la reserva mental de volver á
escaparte cuando estés bien segura de que
Tomín está en salvo...

—¡Hipócrita, más que hipócrita!... ¿Y
cuánto duraría esa comedia?

—Poco tiempo... quince días, un mes...
¿No tienes confianza en tu Tomín? ¿Dudas
que te guarde fidelidad en plazo tan corto?...
Si lo dudas, pónle bajo mi custodia en ese
tiempo. Yo, como mujer muerta y corazón
convertido en bacalao, no debo infundirte
celos. Yo seré para él como una madre, como
una hermana mayor, y le trataré á la baque-
ta, no le dejaré respirar, leyéndole á todas
horas la cartilla: "Eh, caballerito, ándese
con tiento, que si antes estuvo condenado
á muerte, ahora está condenado á fidelidad
y gratitud, bajo mi vigilancia. Para salvarle

á usted se puso en esclavitud, digamoś en
rehenes, con Dios, una mujer de tierno corazón. Si usted cumple como caballero,
guardándole consecuencia, ella cumplirá
como señora, escabulléndose lindamente de
su prisión, y así volverán una y otro á jun-
tarse.„ Esto le diré, y con mis exhortaciones
y el cuidado que he de poner en vigilarle y
seguirle los pasos, te le tendré bien sujeto... ¿Qué?... ¿te ríes? ¿No te parece sutil
esta combinación?

—Demasiado sutil...—contestó Lucila con
graciosa desconfianza.

—¿No me tienes por buena guardiana?

—No me fío...„

La monja ladina alargaba los morros afectando toda la seriedad del mundo. Mirábala
Lucila entre burlona y asustada En sus labios oscilaba ése mohín del niño, que no sabe
si reir porque le entretienen ó llorar porque
le asustan. Y repitió la frase: "No me fío„...
Tras una pausa en la cual Domiciana frun-
ció su tenebroso entrecejo y dió á los morros
toda la longitud posible, Cigüela, casi casi
compungida, volvió á decir: "No me fío,
Domiciana.

—Pues si soy mujer muerta y corazón di-
secado, ¿qué temes?

—Por si acaso, Domiciana, por si acaso no
fuera usted como yo creo...

—¿Esta combinación no te peta? Peor para
tí... porque no hay otra, Lucila.

—Si para que la *Madre* me favorezca necesito engañarla, y birlar á la Comunidad,

me quedo donde estoy. ¡Pobre Tomín!...
Moriremos juntos.

—Sí, sí: á eso vais.

—Ya me dió un vuelco el corazón cuando
usted nombró á la *Madre*. Desde el día en
que allí estuve y me despidió Sor Catalina
con las despachaderas que usted sabe, no he
vuelto á parar mientes en aquella casa. Por
la *Madre* siento respeto; pero nada más que
respeto... Cierto que no es una mujer como
las *naturales*... Algo hay en ella que es...
de ella nada más; pero nunca he podido
quererla...

—Yo sí,—dijo Domiciana con firme acento; y la vaguedad de su mirada, perdida y
parada como la de los ciegos, indicaba que
su mente perseguía las imágenes distantes.

—¿De veras la quiere? Será porque ha
sido buena para usted. ¿Y cree usted en las
llagas?

—¿Cómo he de creer en las llagas, si sé
cómo se hacen? Alguna vez ha recurrido á
mí para que se las reprodujera cuando se le
estaban cicatrizando. Tengo el secreto: la
misma monja que reveló á Patrocinio este
artificio me lo enseñó á mí, una vieja que
murió cuando aún estábamos en el Caballero de Gracia: Sor Aquilina de la Transfiguración, aragonesa ella. Pues sí: sé hacer llagas. Ello es bien fácil. Tengo la *clemátide
vitalba*, que el vulgo llama *yerba pordiose-
ra*. ¿Quieres probarlo? Verás qué pronto...

—No, gracias. No me llama Dios por ese
camino.

—Ni á mí. Por eso jamás me pasó por la cabeza llagarme á mí misma... Las razones que ha tenido Patrocinió para ponerse los estigmas son de un orden superior, y no debemos meternos á decir si hace bien ó hace mal... Lo que en tí ó en mí, que somos tan poco y no valemos para nada, sería bárbaro, pecaminoso, y hasta sacrílego, en otras personas, llamadas á empresas altas por méritos de su caletre y de su voluntad, puede ser bueno, necesario y hasta indispensable. ¿Qué dices? ¿Que no entiendes esto, bobilla?

—Yo, Domiciana, pienso siempre por derecho: creo que lo que es malo en mí, malo ha de ser en las reinas y emperatrices.

—No estamos conformes. Eres una simplona y no conoces el mundo. Corto tiempo has estado en el Convento, y eso en días en que allí había poco que aprender. Veinte años, los mejores de mi vida, pasé yo en la Comunidad, y en tiempos tales, que entonces fué la casa como un pequeño mundo, dentro del cual el mundo grande de nuestra España estaba como reproducido y encerrado. ¿Me entiendes? Pues yo, por lo que allí he visto, puedo dar fe de las grandes dotes y facultades que el Señor concedió á Patrocinio. No hay mujer como ella. Yo la admiro, por muchas razones; por otras la temo...

—Y por otras la quiere... ha dicho usted que la quiere.

—Y no me vuelvo atrás. Para que te hagas cargo de las razones de este querer mío, así como del admirar y del temer, será preciso que yo te cuente muchas cosas... ¿No te parece que ya hemos trabajado bastante?

—Yo, la verdad, no estoy cansada. Deme otra cosá que majar.

—Antes descansemos y merendemos. Hagamos un alto en nuestros afanes para cobrar fuerzas... No podrás negarme que estás desfallecida... Se te abre la boca y se te caen los párpados. Recógeme todo eso... No: yo lo recojeré mientras tú bajas á la calle, y te traes dos pares de bartolillos de la pastelería de Cosme. Toma los cuartos. Mejor será que traigas media docena: los remojaremos con un rosolí.exquisito que me mandaron los de la botillería de la Lechuga, para reparo del estómago en las mañanas y en las tardes frías...„

Salió la moza diligente, y en el rato que estuvo fuera, recogió la ex-monja los ingredientes que en la mesa de trabajo había, ordenándolo todo en otro sitio. Después sacó de un estante la botella de rosolí, y dos copas. Al salir Lucila por los bartolillos, había reparado Domiciana en los rojos zapatos puntiagudos que calzaba su amiga, y cuando la vió entrar fijó más en ellos su atención, diciendo: "Has de contarme de dónde sacaste esos chapines tan majos, y luego trataremos de que me los des á cambio de otro calzado, porque te aseguro que me gustan muchísimo, y quiero ponérmelos y usarlos dentro de casa.„ Contestó Lucila que dispu-

siese de aquella prenda y de cuanto ella
poseía, y acto continuo se sentaron y cada
cual la emprendió con un bartolillo, Domiciana como golosa y Lucila como ham-
brienta.

VII

Sirviendo á su amiga el dulce rosolí, é
invitándola á no ser demasiado melindrosa
en el beber, la exclaustrada dió principio
con desordenado plan y gracioso estilo sus
cuentos monjiles: "Yo entré en el Convento
cuando aquel mal hombre y peor Rey Fer-
nando casó con Cristina... no: cuando ya estaban casados, y Cristina en cinta de Isabel.
Me movió á ser monja una tema de chiquilla tonta y cabezuda, y el odio á mi madrastra, Faustina Baranda, de esa familia de pe-
leteros establecida en la calle Mayor, y cinco
años estuve en aquella vida boba sin perca-
tarme del gran desatino que había hecho.
Fué mi madrina en la profesión Doña Victorina Sarmiento de Silva, dama de la In-
fanta Carlota... Pues como te digo, caí de
mi burro á poco de tomar el hábito y cuando
ya mi locura no tenía remedio. De novicia,
ví los primeros milagros de Patrocinio, que
en el siglo se llamó Dolores Quiroga y Caco-
pardo, y las entradas del Demonio en nuestra santa casa... Terribles dudas tuve al
principio; pero como ya entonces era yo muy

reparona y todo lo observaba, llegando hasta
no creer en ningún fantasma que no viese
con mis ojos y tocara con mis manos, pronto
me convencí de que el diablo intruso y visitante era un fraile de Sigüenza, que entraba
por las habitaciones del Vicario y á los te-
jados se subía, y á los claustros y celdas
bajaba. Otra novicia y yo, las dos valientes
y decididas, le acechamos una noche, y corriendo tras él y agarrándole por donde pu-
dimos, yo me quedé con un pedazo de rabo
en la mano, el cual era como una cuerda forrada en bayeta roja, y mi amiga le arrancó
un cuerno, que resultó ser al modo de un gordo chorizo de sarga verde, relleno de pelote...
Como se confunden en mi cabeza los recuerdos y no puedo fijar bien el orden de los su-
cedidos, te diré que antes ó después de aquellas visitas infernales recibía nuestra Comunidad en el locutorio las de D. Carlos María
Isidro y su mujer Doña Francisca, y con
ellas las de innumerables señorones del bando absolutista, que era el de nuestra devoción En clausura entraban cuando querían
un capuchino llamado el Padre Alcaraz, el
Padre la Hoz, que á muchas de nosotras
confesaba, Fray Cirilo de Alameda y otros
del mismo fuste. El Padre Arriaza, que luego nos pusieron de Vicario, no creía en la
santidad de Patrocinio, y tuvo con ella y con
la Priora no pocos altercados. Nosotras, acechando fuera de la puerta de la celda prio-
ral, oíamos el run run de las voces, y luego
veíamos salir á la Priora sofocada, á Patro-

cinio fresca y sonriente, desafiando al mundo entero con aquella serenidad que nos llenaba de admiración.

„Que todas allí éramos carlinas furiosas, no tengo por qué decírtelo. Adorábamos á D. Carlos, y aunque en Patrocinio veíamos actos de la mayor extravagancia, creíamos en ella, por aquel don magnético que tenía y tiene para imponer sus ideas, sus propósitos y hasta sus milagros. Podían ser falsas las llagas, pero las reverenciábamos; podía ser impostora la llagada, pero embargaba los ánimos con la blancura de su rostro y con su voz meliflua, con aquel modito suave de decir las cosas y de hacerlas, con aquel amor verdadero ó falso que á todas mostraba, y al cual correspondían nuestros corazones, tan necesitados de un querer entrañable en vida de tanto hastío y soledad... La queríamos, Lucila, porque cuando una es monja, no se satisface con el amor de los santos ó santas de palo, y quiere santos vivos, sean como fueren. Patrocinio, mujer extraordinaria, tuvo el arte y el valor de hacerse santa viva: de este modo conquistó el afecto de sus hermanas, y de muchas personas de fuera que la visitaban con admiración, con fervor, con todo el sentimiento místico que el alma guarda y acaricia pará emplearlo en lo primero que salga... ¡Pues no te quiero decir lo que nos maravilló el caso de desaparecerse Patrocinio sin que en la casa quedara rastro de ella, y aparecerse luego á horcajadas en el tejado, con el rostro tan bien encendido en un divino resplandor que parecía una celestial visión!... Bajaba de aquel lugar eminente, y después de ponerse á orar nos contaba que, arrebatada por el Demonio en una nube densa, fué conducida al camino de Aranjuez, y del camino al Palacio del Real Sitio, donde había visto con sus propios ojos á la Reina María Cristina en tal descompostura de ademanes, que con ello bastaba para tenerla por malísima mujer... que luego la transportaba el mismo diablete á la Sierra de Guadarrama y al Real Sitio de San Ildefonso, y allí veía y comprobaba que Isabel no podía ser Reina de España; por fin, después de otras milagrosas visiones y avisos, en demostración de que D. Carlos ceñiría la corona, el Demonio nos traía de nuevo á nuestra compañera montadita en la nube, y nos la ponía en el tejado, no sin algún quebranto de huesos de la monja volandera... ¡Habías de ver su cara y sus modos cuando nos contaba tales prodigios! Yo, sin creerlos, me dejaba vencer de no sé qué respeto al arte superior y nunca visto de tal mujer, y hacía coro á las alabanzas, á los regocijos, á las esperanzas de mis compañeras, que veían en todo ello días gloriosos para la Orden.

„Patrocinio, cuando no estaba en oración, se pasaba las horas en su celda escribiendo cartas. Llevaba larga correspondencia con personas desconocidas de fuera, que la tenían al tanto de todas las intrigas y diabluras masónicas... Pero un día vino el Demo-

nio, por cierto todo vestido como un oso, y
arrebatándole los papeles, salió, dejando tal
peste de azufre que no podíamos respirar.
¿Era este diablo el mismo que se la llevó
en una nube á los Reales Sitios? Yo entonces
nada sabia. Después entendí que el segundo Lucifer era el Padre Alcaraz, que había
reñido con el Demonio de marras; supe también que el viaje no había sido por los aires,
sino por tierra, y no á los Sitios Reales,
sino al convento de Cuéllar, donde deste-
rrado estaba el frailón de Sigüenza, confesor que fué de Patrocinio. Bien podíamos decir: riñen los diablos y se descubren los
hurtos.

„Pues ahora daré un brinco en el relato:
tengo que decir lo primero que me salta á
la memoria. Si no es por la traición de Ma-
roto, no habría quien le quitara la corona á
D. Carlos... Patrocinio, mujer de gran pes-
quis, en cuanto tuvo noticia del convenio
de Vergara, empezó á entenderse con los
diablos cristinos, y con los *angélicos* ó *isa-
belistas*... Mucho antes de estos días... y
ahora doy otro brinco para atrás... empecé yo
á sentir en mí el hastío y la repugnancia de
la vida monástica; y de tal modo se me iba
sentando en el alma el desconsuelo, que no
tenía un rato de paz; perdí la salud, y me
entraron las murrias más horrorosas que
puedes figurarte. Y es que como había visto
.ntos diablos que entraban y salían, y á
.ás de los diablos, diabluras tantas dentro
fuera de la casa, me sentí también un

5

poco diabla, y harta de convento, no ví mejor remedio que las diabluras para salirme
de él...

„Déjame que pegue ahora otro brinco, no
sé si hacia delante ó hacia atrás, porque el
encadenado de las cosas en el tiempo se me
borra de la cabeza... Por aquellos días empecé á sufrir los achaquillos de no dormir, de
querer pegar á dos monjas que solían hacerme burla, y el irresistible deseo de clavarle
un alfiler gordo en la nalga á la Hermana
que tenía más próxima. Cuando me entraba
el mal, ó daba satisfacción al antojo, ó me
entraban unos vapores que me ponían á morir... Y cátate aquí á Patrocinio procesada.
Después de tanto absolutismo, vinieron al
poder progresistas masónicos, y la emprendieron con nuestra santa. Del disgusto que
á todas nos causaron aquellas trapisondas
(y el proceso fué por los papeles que le robó
el maldito diablo), yo me puse peor; me entró una tristeza tal, que en ella me hubiera consumido si no quisiera Dios enviarme
una distracción, un consuelo, con que me
fuí recobrando, y al fin se me fortaleció el
seso y me volvieron las ganas de vivir. Desde los primeros años de la vida claustral
solía entretenerme cogiendo hierbas en la
huerta, aprendiendo á distinguirlas y á conocer sus cualidades y virtudes. Esta, en co-
cimiento, es buena para las muelas; aquélla,
en infusión, inspira pensamientos alegres;
tal otra, purga á los pájaros; cuál otra, blan-
quea y afina las manos.

„Y ahora otro saltito. Cuando el tribunal masónico dispuso que, para observar á Patrocinio y ver si eran verdaderas ó fingidas sus llagas, la trasladasen del Convento á una vivienda particular; cuando fué llevada nuestra santa á la casa de D. Wenceslao Gaviña, en la calle de la Almudena, y de allí á las Recogidas, se ordenó también desocupar el Convento del Caballero de Gracia. Al de la Latina nos mandaron, donde por ser la huerta muy chica y pobre de vegetación, no encontré el solaz que me daba la vida, y tan mala me puse, que medio muerta me despacharon para Torrelaguna. ¡Oh! allí fueron mis delicias, porque á más de encontrar abundancia de toda la maravilla vegetal que derramó Dios por el mundo, también me deparó su Divina Majestad á Sor Facunda de los Desamparados, valenciana, que es la primera sabedora del mundo en achaque de hierbas y sus virtudes, y sobre la ciencia y experiencia, poseía una divina claridad para dar razón de todo. Allí mis goces de hortelana, de herbolaria y de farmacéutica fueron tan vivos, que hasta las obligaciones religiosas se me olvidaban, y más de una vez me reprendió y castigó la Priora... Pero yo lo llevaba con paciencia; no se me ocurría clavar alfileres gordos en las caderas de nadie, y me sentía fuerte, rebosando salud...

„Y con tu permiso, pego aquí otro salto, en el espacio más que en el tiempo. Viéndome repuesta me llevaron á Madrid. ¡Adiós

mi Sor Facunda del alma, adiós alegría de
mi huerta y de mis queridísimos hierbatos!
¡Oh, qué tristeza me causó Madrid! En el
tiempo de mi feliz residencia en Torrelaguna, habían ocurrido muchas cosas: cambio
de personal y aun de casa, porque ya la Comunidad no estaba en la Latina, sino en
Jesús...(Por cambiar, hasta la política era
otra, pues los carlinos figuraban poco, y eran
amos de España los isabelinos con su Reina
imperante) Sor Pilar Barcones, ancianita,
seguía de Priora; pero la que nos gobernaba
realmente era Patrocinio, maestra y madre
de todas nosotras. Con satisfacción y orgullo veíamos el sin fin de personajes que iban
á platicar con ella. El señor Infante Don
Francisco presentó á su hijo, ya Rey ó marido de la Reina; éste llevó á su esposa, y
tras estos egregios visitantes, iban Duques,
Condes y Marqueses con sus mujeres y otras
que no lo eran... Jubileo más lucido no se
vió nunca. Patrocinio, á mi regreso de Torrelaguna, me pareció una figura enteramente celestial. ¡Qué blancura de tez, qué
caída de ojos, qué majestad en las posturas,
y qué modito de hablar echando las palabras
como si fueran ecos de otras que sobre ella
en invisibles aposentos se pronunciaran!
Comprendí entonces su poder, y que Reina
y Rey se postraran ante ella... Tan mística
era su hermosura, tan soberanos sus modos
de andar, de sonreir, de llamar á una de
nosotras para que se acercase, y tan dulce
el timbre de su voz, que causaba en los que

la veían y oían por primera vez efecto semejante al de la presencia de un sér sobrena-
tural. Te contaré un caso para que te mara-
villes. Cuando la llevaron á las Magdalenas,
una monja de fe muy viva, que había oído
contar sus milagros y creía en ellos como yo
creo en la luz del sol, en cuanto la vió quedóse como pasmada; se le doblaron las rodillas; el rostro de Patrocinio fué para ella
como un conjunto de la claridad de todos los
rayos y centellas del cielo... La pobre monja dijo: "¡Ay, Jesús!„, y se quedó ciega.

—Pues esa era la ocasión—dijo Lucila
prontamente,—de probar la *Madre* su santidad, porque debió llegarse á la pobre monja, y ponerle la santa mano en los ojos y decir con arrebato: "Ojos engañados, en nombre de Dios os mando que veáis.„

—Algo de eso hizo Patros; pero no consta
que la otra recobrara la vista, y sólo al cabo
de unos días empezó á ver algo por el ojo
derecho, quedándose con el izquierdo á obscuras... En fin, yo te cuento el prodigio
como me lo contaron, y lo que haya de verdad ya lo dirán las escrituras... Pues sigo:
si me fué muy grato ver que la *Madre* me
tomaba cariño, por otra parte me causó un
dolor muy acerbo cierto día, diciéndome
que moderara mi afición á la botánica y á
la composición de menjurges caseros... así
lo llamaba, con desprecio de cosa tan útil
como aquel arte mío mal aprendido. Ya
ves: yo que no me había puesto tasa en la
admiración de ella, ya la temía tanto como

la admiraba... Disimulé un poco mis aficiones, que cada día se apoderaban más de mi
pobre alma sepultada en aquella región del
fastidio. Hablando yo conmigo misma ó con
Dios en la soledad de mi celda, me compa-
raba con Patrocinió; llegaba á creerme que
tenía delante de mí su rostro blanquísimo,
sus ojos que ven los pensamientos, sus manos de cera con los estigmas de las llagas,
sombrajo entre rosado y verdoso... Y viéndola de presencia, como hechura de mi imaginación, le decía: Tú haces milagros, y yo
combinaciones naturales, que son los milagros de la tierra; tú trabajas con las cosas
que están por encima de las nubes, con lo
invisible y espiritual; yo trabajo con plantas humildes que tú pisas creyéndolas cosa
despreciable. De estas plantas extraigo zu-
mos, de otras aprovecho las flores, las raíces,
las cortezas, y preparo bebidas medicina-
les, ingredientes que sirvan para realzar la
hermosura, ó para mil usos y aplicaciones
útiles de la vida que, por ser tantas, no se
pueden contar. Tú haces tus arrumacos y
tu arte de lós cielos para dominar á las criaturas y someterlas á tu mando, para ayudar
ó estorbar á Reyes y Ministros en el man-
goneo de la dominación, ó en guiar á ese
ganado hombruno que, como el ovejuno y
el vacuno, se deja llevar por el miedo ó por
el engaño. Yo no aspiro á gobernar á nadie,
sino á ser útil á unos cuantos, y á emplear
mis días en un trabajo modesto que á mí me
sostenga y me dé mejor y más cómoda vida.

Tú manipulas con lo divino, yo con la Naturaleza, y en mis milagros no entran para nada el Dogma, ni la Pragmática Sanción, ni la Legitimidad; no entran más que las hierbas de Dios, el agüita de Dios, y el fueguito de Dios...

„Esto le decía yo en mis pláticas solitarias, y aun creo (no puedo asegurarlo) que se lo dije de palabra viva, frente á frente, en alguna de las agarradas que tuvimos cuando me llamaba á su celda para reprenderme.„

VIII

Por segunda ó tercera vez escanció rosolí en las dos copas, y pasando por el gaznate un buche de agua para aclarar la voz, prosiguió de este modo: "De entonces, y digo entonces por no poder marcarte la fecha, datan mis mayores trastornos. Las paredes y el techo de *Jesús* se me caían encima. Las locuras de otros días se repitieron con mayor gravedad; yo no me contentaba con dar gritos, sino que se me salían de la boca, sin pensarlo, palabras feísimas, las más feas que hay, y que yo no había dicho nunca. Pasados días me divertía mucho asustando á las monjas; mejor será decir que me vengaba. Algunas no me podían ver. El susto de más efecto era figurar que me ahorcaba, y apretándome el cordel y sacando la lengua, yo les metía un miedo horroroso... A tanto llegué con aquel desatino, que ya no me dejaban sola en mi celda, y dormía siempre con dos guardianas. Andando los meses me sosegué, no influyendo poco en ello la divina *Madre*, que muy cariñosa me amonestó y consoló, permitiéndome coger plantas y hacer con ellas apartadijos como los de los herbolarios... Pero un día, ¡ay!... Voy á contarte lo más atroz que hice, y el más estrafalario, el más ridículo y cruel de mis disparates. No sé qué día fué, ni la fiesta solemne que celebrábamos, porque en esto de fechas y festividades siempre he sido muy corta de memoria. Lo que sí recuerdo como si lo estuviera viendo es que aquel día tuvimos procesión por el claustro, á la que asistió el Rey bajo palio, con cirio, acompañado del Infante D. Francisco, su señor padre y del Padre Fulgencio, su confesor... Después de esto hubo refresco; se sentaron todos en el jardinillo que hay en el centro del claustro. Recordando el calor que hacía, calculo que ello era al apuntar del verano, quizás en la fiesta de la Pentecostés ó de la Santísima Trinidad... Yo me acuerdo de que llevé sillas para que se sentaran los convidados. Frente al Rey estaba Patrocinio; á su derecha el Infante D. Francisco, y á su izquierda un fraile que no sé si era el Padre Carrascosa, confesor de la *Madre*, ó Fray Toribio Martínez Cuadrado. Es muy raro esto de que se me confundan en la memoria dos frailazos de época muy distante el uno del otro. La confusión será porque se parecían; ambos eran grandullones, fornidos, de anchos hombros y pecho, caderas muy señaladas; unos hombrachos como castillos, con gordura de mujeres apopléticas. Yo llevaba bandejas con refrescos, y me las traía con los vasos vacíos... En una de estas idas y venidas me entró de repente la mala idea, una idea rencorosa y asesina, que con ninguna reflexión pude dominar. Ello era unas ganas muy vivas, muy ardientes, de ofender al buen fraile, que á mí no me había hecho daño alguno ¡pobre señor!, pero que en aquel momento me inspiró un odio mortal y una repugnancia inaudita, por el bulto que hacían sus carnazas amazacotadas. Ciega de aquel furor que me acometió como una instigación del demonio, dejé en el suelo la bandeja vacía, metí la mano bajo el escapulario, saqué un alfiler muy gordo y largo, de cabeza negra, que llevar conmigo solía, y cogiéndolo con disimulo, y llegándome bonitamente al fraile, se lo clavé en la nalga con presteza y saña, metiéndoselo hasta la cabeza... Hija, el grito que soltó Su Paternidad, y el respingo que dió, saltando del banco y echándose mano á la parte dolorida fueron tales, que al primer momento todas las monjas soltaron la risa... Bufaba el fraile; yo salí huyendo avergonzada, y aquello fué un escándalo, una tragedia... Luego me contaron que el Rey se había reído, y consolaba al Padre diciéndole que el alfilerazo no había sido más que una broma,

y que sin duda mi intención no fué irme tan
á fondo...

„Ya comprenderás que esta barrabasada
mía, hecha tan sin pensar, agravó mi situación... En el convento se hablaba de mandarme al *Nuncio* de Toledo, donde hay un
departamento para monjas que están mal de
la jícara. Las que me querían mal me lo dijeron, y al saberlo yo, tuve el arrebato de
ahorcarme de verdad, que sólo me duró un
ratito... En esto me llamó Patrocinio á su
celda y hablamos lo que voy á contarte: "Yo
me someto á todo lo que Su Caridad deter-
mine—le dije,—menos á que me lleven á
una casa de Orates, pues aunque parezca
loca no lo soy. El clavarle el alfiler al Padre confesor fué una travesura... El nos había dicho que el dolor es muy bueno y que
debe regocijarnos. Tuve la mala idea de
causarle dolor para que se regocijara... Pero
no volveré á jugar con alfileres; yo se lo
prometo á Su Caridad.„ Y ella á mí: "Hermana, está usted enfermita del caletre, y es
menester curarla. Su mal proviene, según
entiendo, de una fuerte inclinación á las
cosas temporales, que perdura después de
tantos años de vida religiosa. ¿Qué quiere
decir eso de rebuscar y exprimir las plantas
para comerciar con su jugo? Pues es codi-
cia, es preferir lo humano á lo divino, y lo
menudo á lo grande...„ Yo repliqué: "Así
es. Su Caridad está en lo cierto. Me llama lo
menudo y andar á cuatro pies por la tierra.
¡Dichosas las almas que se apacientan en

los campos del cielo comiendo estrellas! Yo
no tengo esa perfección. Al lado de Su Caridad soy como una burra que pasta en los
prados y no ve más que lo que come... Tengo la pasión de las cosas necesarias, ó si se
quiere, menudas, y de entretener mis manos
en labores vulgares que den de comer á alguien, á mí la primera. Me gusta trabajar,
hacer cosas; me gusta vender, me gusta cobrar... Si eso es pecado soy gran pecadora;
pero no demente.„ Y ella: "No diré que sea
pecado en el siglo; aquí podría serlo. Hermana mía, yo no le deseo ningún mal; quiero
para usted todos los bienes, y puesto que se
ha llamado burra, le diré que este pesebre
no le cuadra...„ A la semana siguiente volvió á llamarme y me notificó que yo no podía seguir en el convento, y que por no dar
la campanada de mandarme al *Nuncio* había
escrito á mi madrina, Doña Victorina Sarmiento, para que supiera lo que ocurría, y á
mi padre para que fuese por mí y se encar-
gara de mi curación. Estas palabras de la
divina *Madre* me causaron tanto gozo, que
sólo con oirlas se me quitaron como por milagro todos mis males de corazón y de nervios. Ve aquí por qué quiero á la *Madre*.
Llorando de gratitud le dí las gracias, y al
despedirme me dijo con gracia: "Celebraré
mucho que el trajín de *hacer cosas* y de ven-
derlas la cure de esos arrechuchos, hermana
querida. Ayude usted en la cerería al buen
D. Gabino, que ya debe de estar gastadito y
achacoso; trabaje con él, cobre salud, y no

nos olvide. Haga vida de recogimiento para
que su salida no cause escándalo, y viva en
concepto y opinión de enferma que busca su
reparación en la casa paterna... Antes de
abandonarnos, déjenos, con sus recetas, todo
lo que tenga hecho de la pasta para blanquear y afinar el cutis de las manos.„

„Los días que transcurrieron desde esta
conversación hasta que mi padre, la *Madre*,
Doña Victorina y el Vicario se pusieron de
acuerdo para mi salida, los pasé en gran ansiedad. Me atormentaba la idea de que el
fraile, cuyas carnes orondas traspasé con
el alfiler, influyera para que, en vez de mandarme á mi casa, me encerraran en el Nuncio. O me perdonó mi víctima, ó no quiso
ocuparse de mí... En aquellos días entraste
tú y te pusieron á mi servicio. Simpatiza-
mos; me inspirabas lástima; pensé que te
catequizaban para sepultarte allí toda la
vida. Mi padre llegó al fin, y solté los hábitos para venirme á casa. De la fuerza del alegrón yo estaba como idiota cuando salí, y en
los primeros días que aquí pasé, el ruido de
la calle me ensordecía, y mi padre, mi hermano y Tomás eran como fantasmas que
alrededor de mí se paseaban... Poco á poco
fuí entrando en la nueva vida y regociján-
dome más con ella. La tarde en que te me
presentaste, diciéndome que te habías escapado y que en mi compañía querías estar
hasta saber el paradero de tu padre, me ale-
gré de veras: tu libertad me afirmaba en el
contento de la mía... Me referiste lo del *Re-*

lámpago, y nos reímos del gran mico que se llevaron las monjas y el Padre Fulgencio... He concluído. Nada más tengo que contarte.„

Emancipada la atención de Luçila del interés del cuento, volvió á caer en el asunto que embargaba su espíritu: el amor de Tomín, su salud, su libertad. Observábala Domiciana alargando los morros. Por fin, la moza, sacando un suspiro de lo más profundo, se levantó y dijo: "Es tarde ya. Tengo que irme.

—Pero no te hagas la desentendida. Quedaste en darme los zapatos. Ya supondrás que no los quiero de balde. Te doy por ellos unos míos casi nuevos, y unas medias que no he estrenado todavía. Mis pies y los tuyos son tan hermanos que parecen los mismos...„ Al decir esto se descalzaba. "Mira: no eres tu sola la que puedes ufanarte de un bonito pie. Ven á mi cuarto y haremos el cambio.„

Llevóla al gabinete próximo, y allí trocaron su calzado. Lucila iba ganando; pero la otra parecía más satisfecha, y reía mirando en sus pies las rojas chinelas puntiagudas. Luego recogió Cigüela de manos de su bienhechora lo que ésta le había ofrecido: chocolate, pan, alguna golosina, y de añadidura media peseta columnaria. "Ya ves—dijo la exclaustrada contrayendo los morros:—te doy dos reales y medio.

—No sé cómo agradecerle favores tantos, Domiciana. Si no se enfadara, si no dijera

usted que me ha hecho la boca un fraile, me
atrevería... ¿De veras no se enfada? Pues
quisiera llevarle un poquito de ese licor...
¡Le sentará tan bien!

—¿Un poquito has dicho? Pues te llevas
la otra botella que tengo. Ya me dará más
Alonso. ¡Pobre Tomín, qué bien le probará!
No le des más que un poquito á cada comi-
da: esto ayuda á la reparación de fuerzas...
Dime otra cosa: ¿fuma el Capitán?

—Sí que fuma cuando tiene qué. Yo re-
cojo todas las colillas que encuentro; se las
pico muy bien picaditas...

—Toma, toma otro real... Le compras un
paquete de picadura, ó un macito de á vein-
ticinco... Para el fumador, no hay privación
más penosa que la de este vicio. Hemos de
estar en todo... Vaya, no te detengas. Adiós.„

Salió Lucila muy consolada y muy agra-
decida, pero también un tanto recelosa. En
su alma tomaba fuerza el deseo de ser sola
en cuidar y proteger al infeliz Capitán. No
quería compartir con nadie su abnegación,
porque partiéndola ó admitiendo la abnegación extraña, creería ceder ó enajenar parte
de sus derechos al amor de Tomín. Temía
que la gratitud del hombre tuviera que di-
vidirse, y ella no admitía tal división, mayormente si la partija de aquel sentimiento
recaía en una mujer, quien quiera que ésta
fuese. Cierto que la generosidad de Domiciana era desinteresada; nunca había visto
al Capitán; pero podía llegar á conocerle,
extremar sus beneficios, y reclamar siquiera

algunos rayos de la mirada de los ojos azules... Cuando llegó á la Cabecera del Rastro, disipáronse como bocanada de humo estas vagas cavilaciones, dejando todo el espacio de su alma á la previsión y ansiosas dudas de lo que á su regreso encontraría. ¿Habría pasado algo?... Acordóse entonces de los periódicos que le había encargado Tomín, y volvió atrás, muy disgustada de su mala memoria y de la tardanza que el largo rodeo en busca de los papeles le ocasionaría... Vaciló, detúvose en la calle de San Dámaso, pensando si sería más conveniente entrar tarde con los periódicos ó temprano sin ellos, y al fin decidióse por lo segundo, amparándose de esta especiosa razón: "El tabaco y el rosolí bien valen los papeles... Otro día será."

Como siempre, subió temblando por la luenga escalera que bajo sus pies gemía. Famélicos gatos la saludaron con mayidos melancólicos. La noche era plácida, estrellada, y del suelo subían el vapor y el ruido de la vida urbana, mezclados con el desagradable olor de las fábricas de velas de sebo. En las primeras noches que la pobre Lucila vivió en tan desamparadas alturas, el vaho del sebo derretido se le metía en la cabeza, y de tal modo á su mente se adhería cuanto contemplaban sus ojos, que llegó á creer que olían mal las estrellas. Pero á todo se fué acostumbrando, y la delicadeza de su olfato se embotaba de día en día... Sin aliento llegó á su desván. No había ocurrido nada:

Tomín la esperaba risueño y tranquilo. Se abrazaron.

Entre los abrazos, dió Cigüela explicación de no haber llevado los periódicos, y mostrando el botín de aquel día, más pingüe de lo que Tomín pudiera imaginar, le permitió catar el rosolí, como medicamento tónico. Antes de la cura y cena, la enfermera le dió un paseíto por la estancia, durante el cual el preso estuvo ágil de remos, despabilado de cabeza, decidor de palabra. Y antes de recogerle á su descanso, le arrimó al ventanal para que contemplara el cielo. Lucila le enseñaba las estrellas más brillantes, las más hermosas... que olían á rosolí.

IX

Pasaron días, entre los cuales se deslizaron los de Navidad, confundiendo su barullo con el trajín de los ordinarios; acabóse el año 50, y entró su sucesor con fríos crueles, que obligaron al vecindario de Madrid á recogerse al amor de las camillas para sacar los estrechos. ¡Y qué graciosísimos disparates resultaron de aquel juego en algunas casas! Al sacar las papeletas, todo el concurso reventaba de risa. ¡Martínez de la Rosa con la Petra Cámara; el Nuncio con la dentista Doña Polonia Sanz, y la Reina Madre con D. Wenceslao Ayguals de Izco! Entre Navidad y Reyes, hizo Lucila no pocas visitas á Domiciana, encontrando á ésta tan magnánima y dadivosa, que parecía constituirse en Providencia nata del pobre Tomín y de su atribulada compañera. Una tarde le dió, envueltos en un papel de seda, dos cigarros puros, que ella misma había comprado. A tan hermoso obsequio, siguieron: ya el cuarto de gallina, ya la perdiz escabechada, bien las lucidas porciones de garbanzos, patatas y otros comestibles. Huevos hubo un día, otro jamón, y nunca faltaban chocolate y pan. Los cuartos y las medias pesetas ó pesetas, á veces columnarias, menudeaban. que era un gusto, y cuando apretaron las heladas, se descolgó con una buena manta, nuevecita. Lo de menos era la limosna material, que más que ésta valían el buen modo y las recomendaciones cariñosas. "¡Ay, hija, evitemos á todo trance que pase frío!... Ten cuidado, por la noche, de que no se ponga á dar manotazos, destapándose... Arrópale bien... Dale la comida con método, sin dejarle que se atraque de lo que más le guste; y el vino con medida... Para cuando pueda salir de casa, le estoy preparando un chaleco de mucho abrigo... Mira: estos cigarros que te doy son para que fume hoy uno y otro mañana. No permitas que se fume los dos en un día.„

Y Cigüela, con estas crecientes efusiones caritativas, agradeciendo mucho y recelando más. ¿Pero qué remedio tenía sino tomar lo que le daban, librándose así de la fatigosa y triste correría en busca de socorro? Atenta

6

siempre á los actos y dichos de Domiciana, observó en aquellos días alguna variación en sus hábitos: la que no salía de casa más que para ir á misa á San Justo muy temprano, ausente estaba largas horas en pleno día. Dos veces dijeron á Cigüela en la cerería que la señora había salido, y tuvo que esperarla. Al entrar fatigada, decía la monja que la necesidad de colocar sus drogas la sacaba de su quietud y recogimiento. En todo ello resplandecía la verosimilitud; pero la guapa moza, llevada por su desamparo y la tenacidad de sus desdichas á un horrendo escepticismo, en los hechos más inocentes veía sombrajos ó barruntos de nuevas tribulaciones.

Ya iban los Reyes de vuelta para su tierra de Oriente, y llevaban tres días ó cuatro de camino, cuando Lucila, al entrar en la cerería, se sorprendió de ver en ella más gente de la que allí solía pasar el rato charlando. Las primeras palabras que oyó hiciéronle comprender que había caído Narváez. Ya era Jefe del Gobierno D. Juan Bravo Murillo. Se alegró de la noticia, pues á Narváez, visto del lado de su particular desventura, le juzgaba como el peor de los gobernantes. "Luciita—le dijo D. Gabino con la melosa inflexión de voz que para ella reservaba,—pasa al taller, que hoy es día de cera, y allá está mi hija regentando.„ Corrió la moza á la trastienda, y de allí, por estrecho patinillo en que había un pozo cubierto, ganó la puerta de un aposento ahumado.

Salió Domiciana á recibirla con mandilón de arpillera y el cazo en la mano, y á gritos le dijo: "Ven, mujer... Ya te esperaba. Hoy estamos de enhorabuena." No era la primera vez que su amiga la recibía en las funciones del arte de cerero, aplicando á ellas el elemento más varonil de su compleja voluntad. Aquel día la vió Lucila más radiante de absolutismo, más fachendosa y con los morros más prominentes.

"¿Enhorabuena ha dicho usted?

—¿Pero no sabes que ha caído ese perro? Tendido le tienes ya en medio de la calle, y no volverá á levantarse, pues... quien yo me sé le pondrá el pie sobre la jeta para que no remusgue. Alégrate, mujer; ya nos ha quitado Dios de en medio al causante de la desgracia de tu pobrecito Tolomín."

No podía la cerera extenderse en mayores comentarios, porque la cera, derritiéndose en la olla puesta al fuego, decía con su hervor que ya estaba en el punto de licuación, y que anhelaba correr sobre los pábilos. A una señal de Domiciana, Ezequiel y Tomás cogieron la olla por sus dos asas y la llevaron al centro de la estancia, junto al arillo, rueda colgada horizontalmente. De la circunferencia de este artefacto pendían los pábilos de algodón é hilaza cortados cuidadosamente por D. Gabino. A plomo bajo el arillo fué puesta la paila, que debía recibir el gotear de la cera. Ezequiel ocupó su sitio, arrimando á su pecho el bañador. Iniciado el girar lento del arillo, á medida que iban

llegando frente al operario los pábilos col-
gantes, aquél derramaba en la cabeza de
éstos la cera líquida que con un cazo sacaba
de la olla. Los pábilos, pasando uno tras otro
y repasando en circular procesión de tío-
vivo, iban recibiendo la lluvia ó baño verti-
cal de cera, que pronto blanqueaba y vestía
de carne los esqueletos de algodón. Domiciana no apartaba de su hermano los ojos,
vigilando la obra y recomendando que los
chorretazos del líquido fueran administrados
con esmero, para que todos los hilos se re-
vistiesen por igual, y engrosaran sus cuerpos sin jorobas ni buches... El arillo se ace-
leraba conducido por Tomás demasiado á
prisa, y Ezequiel, que era en sus movimientos muy parsimonioso, dejaba pasar algunos
pábilos sin echarles el riego. Pero Domiciana, templando, midiendo y coordinando
las dos fuerzas, logró al fin la perfecta armo-
nía, y el trabajo siguió su curso, remedando
la eficaz lentitud de las funciones de la Naturaleza.

Lucila seguía con su mirada el paso de los
pábilos, como si algo le dijera ó expresara la
ceremoniosa marcha, y el irse vistiendo
unos tras otros, siendo cada cual punto en
que concluía y principiaba la operación,
imagen de las cosas eternas y del giro del
tiempo. Como había entrado de la calle
muerta de frío, el calor del taller la confor-
taba, y hastiado su olfato del tufo de sebo
que respiraba en las calles del Sur, el noble
olor eclesiástico de la cera le resultó sensa-

ción grata, como la de besar el anillo de un
señor Obispo á la salida de función solemne.
El abrigo del taller y la conversación de Domiciana atrajeron á más de un tertulio de
los que tiritaban en la tienda: un señor de
mediana edad, vestido con buena ropa de
largo uso, con todas las trazas de cesante de
cierta categoría, entró de los primeros, y
arrimando sus manos al rescoldo de la hor-
nilla donde estuvo la olla, manifestó con
gruñidos el regocijo del animal que satisface un apremiante apetito. "Caliéntese aquí,
D. Mariano—le dijo la cerera,—y quiera Dios
que el sol que ahora sale le caliente más todavía.

—En ello pienso, señora... ¿Sabe usted
que en el nuevo Ministerio tenemos á Bertrán de Lis, amigo mío desde que éramos
muchachos? Pienso que ahora se ha de reparar la injusticia que hicieron conmigo los
hombres del 44.„

Sentóse junto á Lucila, que le saludó con
inclinación de cabeza: le conocía de verle
en la tienda. Era D. Mariano Centurión,
palaciego cesante, que bebía los vientos por
recobrar su plaza.

"Y no se diga de mí—prosiguió,—que soy
de los hombres del 40, pues también Bertrán de Lis es del 40, y si me apuran tendré
que ponerle entre los del 34, el año de la
matazón de frailes... El cambiar de los tiempos me ha traído á mí á un cambio completo de dogmas. Narváez me quitó mi destino
sin más fundamento que mi amistad con

Olózaga, y hace poco me negó la reposición porque soy amigo de Donoso Cortés. ¿En qué quedamos? ¿A qué santo debe uno encomendarse?„

En esto entró unclérigo, que se refregó las manos junto á las brasas diciendo: "Créame el amigo Centurión: son los mismos perritos del 37, con los collares que se pusieron para hacer la del 43... Pero á mí no me la dan. No me trago yo el bolo de que Don Juan Bravo Murillo viene á desembarazarnos de la Constitución y á devolvernos la sencillez clásica del Absolutismo... Para esto necesitaría traer otra gente. A estos hombres no les entra en la cabeza el Gobierno de Cristo. Mírelos usted bien, y verá que por debajo de los faldones de las casacas bordadas se les ve el rabo masónico... ji, ji... No me fío, Sr. D. Mariano; no veo la Moralidad, no veo la Fe...

—¡Ah! perdone el amigo Codoñera—dijo Centurión con ironía grave.— Lo que darán de sí estos caballeros en política no lo sé... pero en Moralidad han de hacer primores. Como que no vienen á otra cosa ¡Moralidad y Economías! Y no me negará usted que todos traen divisa blanca, como procedentes de la ganadería de la Honradez.

—Eso sí: y el pueblo, que otra cosa no sabrá, pero á poner motes graciosos y oportunos no hay quien le gane, llama al nuevo Ministerio *El honrado concejo de la Mesta*.„

Los pábilos ya no se veían bajo la **vestidura** de cera; las velas engordaban á **cada**

revolución del arillo, presentándose á recibir
el riego, y siguiendo su paso de baile cere-
monioso por todo el circuito. Sin desentenderse de la vigilancia del trabajo, Domiciana llamó junto á sí á Lucila para decirle:
"Hoy no podremos charlar: ya ves. Si no estoy encima de esta gente, me harán cualquier chapucería. A mi padre dejé el encargo de darte ocho reales: compra lo que necesites para hoy; no olvides de llevarle á
Tomín papeles públicos para que se entere
bien de que entran á mandar los Honrados.
En confianza te diré que creo en el indulto
como si ya lo viéramos en la *Gaceta*... Oye
otra cosa: mientras viene el indulto, con-
vendrá que tengáis un alojamiento más seguro y decoroso, con más comodidades, donde Tomín pueda reponerse y cobrar fuerzas... De eso me encargo yo... Puedes mar-
charte ya si quieres. Si mañana vienes temprano y no me encuentras aquí, estaré en
San Justo."

Echó Lucila la última mirada á las velas,
que seguían bañándose en cera y engrosan-
do á cada chorro, y se fue hacia la tienda.
Allí le salió al encuentro D. Gabino, y em-
pujándola hacia la rinconada donde tenía el
pupitre y el cajón del dinero, le puso en la
mano las dos pesetas designadas por su hija,
y otra, columnaria, que de tapadillo el buen
señor por su cuenta le daba. Le cerró y apre-
:ó la mano en que ella las había recibido, y
alegrado su rostro con una confianza un
tanto picaresca, le dijo: "Luciita, eres tan

guapa, que no está bien andes suelta por el
mundo, donde te solicitarán pisaverdes sin
juicio y mozuelos *de poca pringue.* Oye mi
consejo: debes tomar estado. Piensa bien lo
que haces. Te conviene un marido maduro,
un marido sentado... Los hay, yo te lo aseguro; los hay muy respetables, algo añosos;
pero que saben cumplir, y bien probado lo
tienen... ¿Con que lo pensarás, Luciita?
¿Me prometes pensarlo?

—Sí, D. Gabino, lo pensaré —replicó Lucila con verdaderas ansias de perder de vista al patriarca fecundo. —Déjeme que lo
piense... y muchas gracias.„

Otros dos estantiguas, que de mostrador
adentro, arrimados á un brasero mustio, re-
zongaban críticas del *honrado* Ministerio, la
despidieron con amables adioses y sonrisas
de bocas desdentadas. Salió Cigüela con el
corazón oprimido, no sabiendo si bendecir
á Dios por la creciente abundancia de los
socorros y dádivas, ó maldecir su propia
suerte, que la incapacitaba para la debida
gratitud... Era media tarde, y vagó largo
rato por Madrid haciendo sus compras, y
buscando periódicos para que Tomín leyese
y juzgase por sí mismo las cosas políticas.
Movida de la curiosidad, y andando ya para
su casa, parábase á leer algo en los papeles
que había comprado, por si alguno hablaba
ya de indulto á los militares condenados en
Consejo de guerra. Pero nada de esto encontró, sino una palabrería ininteligible sobre
la Deuda pública y sus arreglos, y noticias

sobre la próxima inauguración del ferrocarril de Madrid al Real Sitio de Aranjuez. Nada le importaba á Lucila la llamada Deuda pública, que no era otra cosa que las trampas del Gobierno, y en cuanto al Camino de Hierro, admitió su utilidad pensando que siempre es bueno llegar pronto á donde se quiere ir.

Con esta idea avivó el paso, sin desviarse del recto camino. Al subir á su camaranchón aéreo, encontró á Tomín levantado, impaciente... Ya podía pasear solo; ya se desvanecían y alejaban, con los dolores de su cuerpo, las sombras de su espíritu... El día era la vida, la noche la esperanza.

X

Fué á San Justo Lucila en busca de Domiciana, como ésta le había mandado; pero no la encontró. En la cerería tampoco estaba. Prescindió de ella por aquel día, y al siguiente le dió D. Gabino el socorro por encargo de su hija, que andaba en ocupaciones callejeras. Otro día volvió, en ocasión de estar ausente el cerero. Ezequiel entregó á la moza, de parte de su hermana, un paquete de comestibles y dos moneditas de á real y cuartillo, agregando frases de afecto dulce, y una vanidosa ostentación de las velas que estaba rizando detrás del mostrador. "Mira, Lucila, ¿que te parece esta obra?„ Digno era

en verdad aquel rizado de los sacros altares
á que lo destinaba la piedad, y por la gracia
y pulcritud del trabajo, competía con lo mejor que labraran manos de angelicales monjas. Verdad que las de aquel mancebo manos de monja parecían, en consonancia con
su rostro lampiño y terso, con su expresión
de honestidad y la inocente languidez de
su mirada. La tez era del color de la cera
más blanca, el cabello negro, los ojos gar-
zos y tristes. "Mira, Lucila, mira ésta que
rizo y adorno para tí—dijo atenuando su orgullo con la media voz de la modestia, al
mostrar una vela chica que sacó de un hueco del mostrador.—Ayer la empecé, y no
quiero hacerla de prisa, para que me salga
á mi gusto...

—¡Oh, qué precioso, qué maravilla!„—exclamó Lucila cogiendo la vela, girándola
suavemente para verla en redondo.

Admiró la moza el fino adorno que ya
transformaba más de la mitad de la vela.
Los pellizcos hechos con tenacilla eran tan
delicados, que parecían escamas, erizadas
con una simetría que sólo se ve en las obras
de la Naturaleza. Más abajo, el *rizado al aire*, que se hace levantando tenues virutas
de la pasta con una gubia, y dándoles curva graciosa, imitaba los estambres de flores
gigantescas, ó las delgadas trompas con que
las mariposas liban la miel de los dulces cá-
lices. Lucila no había visto mayor fineza ni
arte más soberano para embellecer la cera.
Con toda su alma estimaba y agradecía la

pobre mujer aquel obsequio, y sentía que
no recayera en persona de posición y medios para ostentarlo dignamente. Algo de
esto insinuó á Ezequiel, procurando alejar
de su palabra todo lo que pareciese intención de desaire, y el hábil mancebo le dijo
sonriendo: "¿Pero qué, Lucila, en tu casa no
tienes altar? ¿No tienes ninguna imagen?
¿Dices que no? ¿Quieres que te regale una
virgencita que fué de mi mamá?...„

Respondió Lucila que lo sentía mucho;
pero que no tenía ni altar, ni casa, ni muebles dignos de aquella joya, que merecía ser guardada y manifiesta dentro de un
fanal.

"Pues también te daré un fanal—dijo
Ezequiel poniendo cuidadosamente la vela
en una gruesa tabla agujerada, donde se
ajustaba el cabo como en un candelero.—
¡Ay, que primorosa quedará esta obra cuando la concluya! Lo que ves no es nada. Después que acabe de hacer el rizado al aire y
el de tenacilla, pondré las flores. Ya tengo hechos los moldes de patata para campá-
nulas, jazmines y narcisos, que luego pinta-
ré de colores variados. Los aritos de talco
serán de lo más fino. Y dime ahora, pues á
tiempo estamos: ¿cuál es la combinación de
color y metal que más te gusta? ¿Te parece
que ponga azul y plata?

—Pon lo que creas más lucido, Ezequiel.
¿Quién lo entiende como tú?... Pero si te
empeñas en consultarme, pon el rojo, que
es el color más de mi gusto. Doble combi-

nación de encarnado con plata y azul con oro
será muy linda.

—Preciosa, como ideada por tí.„

No pudo prolongarse más el interesante
coloquio, porque entró D. Mariano Centurión, por cierto de muy mal talante, y al
poco rato D. Gabino. Este pareció sentir mucho la presencia de testigos, que le impedía
disertar con Lucila acerca de sus proyectos
referentes al aumento de población.

Los misteriosos quehaceres de Domiciana
fuera de casa, que tan singularmente rom-
pían el método de sus monjiles costumbres,
tuvieron en aquellos días algunas horas de
tregua y descanso para recibir á su protegi-
da y platicar extensamente con ella. En su
oficina de hierbas y drogas la encontró Lucila una tarde, calzada con los chapines rojos, vestida con batà nueva, de cúbica, á la
moda, que en ella era radical mudanza de
los antiguos hábitos. En modales y habla
notó asimismo Lucila un marcado intento
de transformación. "Siéntate, mujer, que es-
tarás cansada—le dijo acercando una silla á
la mesa baja.—Yo llevo unos días de ajetreo
que me han ocasionado agujetas... Pero ya
me voy acostumbrando.

Si aquel concepto sorprendió á Lucila,
mayor extrañeza y confusión le produjo es-
totro, expresado al poco rato: "No te asom-
bres tanto de verme un poquito tocada de
reforma en lo de fuera. Es que cuando una
llega tarde á la vida, forzada se ve á marchar de prisa, haciendo en semanas lo que

es obra de años largos... Aturdida y sin saber por dónde andaba me has tenido días enteros... A la inteligencia que se ha embotado con el desuso, no le salen los filos cortantes sino después de pasarla y repasarla por la piedra... y no te digo más por hoy...„

Llegada al punto divisorio·entre la confianza y la discreción, calló Domiciana. Pidióle Cigüela mayor claridad; pero·la cerera se limitó á decirle: "Algún día, quizás muy pronto, no tendré secretos para tí. Espera y no seas preguntona.„

Tratando de lo que más á Lucila interesaba, dijo Domiciana: "Ten ya por asegurado tu diario sustento y el del caballero. Yo sola proveeré; yo corro con todo. ¿Me preguntas si habrá indulto?... Como indulto general, nada sé. No me consta que haya tratado de esto el señor Conde de Mirasol. Pero el indulto personal de Tolomín, ya es otra cosa. No te digo que esté ya concedido, ni tramitado, ni que se haya pensado en él... Como que ni siquiera sé el nombre y apellido del que llamamos Tomín. De hoy no pasa que me lo digas, para apuntarlo en un papel... Vendrá el indulto. ¿Cuándo? No puedo decírtelo. Pero vendrá, no lo dudes. Bien pudiera ser que en favor de Tomín se interesara el Director de Infantería D. Leopoldo O'Donnell. Pero interésese ó no, el rayo de gracia partirá de muy alta voluntad, á la cual nadie puede resistirse... Y mientras esto llega, se tratará de librarle á él y á tí de la ansiedad en que vivís; se venderán los ojos de la policía para que no vea lo que no debe ver. ¿Me has entendido?„

Poniendo sobre todas las cosas el amor de Tomín y la salvación y salud de éste, no podía menos Lucila de celebrar tan lisonjeras esperanzas, aunque en ello viera un des- merecimiento grave de su personalidad en la protección del Capitán perseguido. Alguien que no era ella cuidaba de darle sustento y comodidades; alguien que no era ella mejoraba su alojamiento; alguien que no era ella le aseguraba al fin la libertad y la vida misma. Dejaba de ser Lucila la Providencia única, insustituíble, y otra tutelar bienhechora resurgía de improviso, compartiendo con ella el trono de la abnegación, ó quizás arrojándola de él. Atormentada de esta idea, sintió caer sobre su corazón una gota fria cuando precisada se vió á dictar el nombre y apellido de Tolomé para que Domiciana lo escribiese. Luego sacó ésta del armario en que guardaba sus selectos productos industriales un diminuto frasco, y mostrándolo al trasluz, dijo: "Conviene que vaya pensando el Sr. de Gracián en arreglarse y acicalarse un poco, que un buen caballero no debe olvidar sus hábitos de toda la vida. Aquí tienes aceite aromatizado para el cabello. De su bondad no dudarás cuando sepas que ha sido compuesto para persona de sangre real. Llévatelo, y úsalo para él y para ti. Lo primero es que le desenredes y le desengrases el pelo, que de seguro lo tendrá hecho una plasta. Te daré la receta para desengrasar

con yema de huevo. Después de bien des-
engrasado, se lo cortas, que tendrá mele-
nas de poeta muy impropias de un rostro militar... Mañana llevarás peines y un cepillo.
Me dirás cómo anda el hombre de calzado,
y si está, como supongo, en necesidad, tráe-
me la medida del pie. Hoy puedes llevarte
el chaleco de abrigo, y mañana una corbata,
y para tí algunas cosillas que te estoy preparando.„
Dió las gracias Lucila, y reiterando su deseo de que la protectora le encomendara algún trabajo, no sólo por corresponder á sus
beneficios, sino también por no estar ociosa,
Domiciana le dijo sonriendo: "Trabajo te
daré hasta que te canses. Pero no es cosa de
mortero ni de filtro. Ven á mi gabinete y
verás.„ Quería la cerera que Lucila la ense-
ñara á peinarse, pues perdida en la vida
claustral la costumbre de componer con do-
naire su cabeza, encontrábase á la sazón muy
desmañada para este artificio en que son
maestras casi todas las mujeres. Y como no
había transcurrido tiempo bastante desde su
libertad para el total crecimiento del cabello, tenía la señora que aplicar añadidos y
combinaciones que aumentaban la torpeza
de sus manos. Al instante procedió á com-
placerla la diligente amiga, que á más de
poseer en grado superior el arte de acicalarse, había tomado lecciones de peinado. El
cabello de Domiciana era negro, fino y abun-
dante, con dos ramalillos de canas en la parte anterior, que bien puestos no carecerían

de gracia. Lucila, silenciosa, pasaba el carmenador pausadamente desde la raíz hasta los cabos, y en este ir y venir del peine, surgieron en su pensamiento repentinas aclaraciones de aquel enigma de la transfiguración de la exclaustrada. No pudo atajar la vehemencia con que sus ideas pasaron de la mente á los labios, y se dejó decir:

"La persona que á usted la trae tan dislocada y callejera, la que le da tanto conocimiento del mundo y con el conocimiento influencia, es Doña Victorina Sarmiento de Silva, dama de la Reina, que fué madrina de usted cuando profesó, y si de monja la quería, ahora también.

—¡Qué tino has tenido!—dijo Domiciana risueña, mirándola en el espejo de pivotes que delante tenía.—Acertaste: no hay para qué negarlo.

—Las personas que manejan los palillos detrás de Doña Victorina, no puedo adivinarlas...

—Ni tienes por qué calentarte los sesos en esos cálculos, que yo á su tiempo te lo diré, bobilla. Ten discreción y juicio.„

Calló Lucila, y con paciencia peine y tragacanto, utilizando el cabello natural de su protectora y aplicando hábilmente los añadidos, rellenos y ahuecadores, armó el peinado conforme á la moda en señoras graves, sencillo, majestuoso; perfiló bien las rayas delantera y transversal, á punta de peine; construyó el rodete, abultándolo con escondidos artificios; extendió los bandós bien planchados y ondeados hasta rebasar las orejas, dejando fuera tan sólo la ternilla agujerada para el pendiente; recogió los cabos en el rodete, y todo lo remató con la peineta graciosamente ladeada. Con ayuda de un espejo de mano miró Domiciana su cabeza por detrás y en redondo, y satisfecha de la obra, no fueron elogios los que hizo: "Estoy desconocida. Parezco otra, ¿verdad? ¡Lo que puede el arte!„

Al despedir á Lucila, recompensó su servicio con estas dulces promesas, que valían más que el oro y la plata: "Poco te queda ya que sufrir, pobrecilla. Vamos en camino de asegurar la vida y la libertad al pobre Tomín. Yo estoy tranquila: tranquilízate tú, y no temas nada de la policía. Lo que hay que hacer es cuidarle mucho para que acabe de reponerse... Que vaya cobrando fuerzas, animación y alegría... No dejes de venir pasado mañana para que estés aquí cuando me prueben los dos vestidos que me encargué el lunes: el uno de merino obscuro, un color así como de ratón con pintitas; el otro de seda negra. Hija, no he tenido más remedio que hacerlo; pero es para calle, ó para cuando tenga que asistir á un acto religioso, procesión, Viático, consagración de Obispo... No vayas á creer que andaré yo en ceremonias palaciegas... Todo lo que ahora deseche será para tí. Verás también mi mantilla nueva. Cuenta con una ó dos de las que ahora uso... Ropa interior, medias, refajos, peinadores, también he tenido que

7

comprar... Todo es preciso... Tontuela, no me mires con esos ojazos, que no te olvido nunca, y menos cuando voy de tiendas... Ya participarás... De todo un poquito para la pobre Luci...„

XI

Aunque al volver á la vida del siglo hacía Domiciana visitas frecuentes á Doña Victorina Sarmiento de Silva, con la encomienda de ofrecerle aguas aromáticas, polvos dentífricos y leche de rosa, la comunicativa amistad que entre ellas se establecíó, obra lenta del tiempo, no llegó á consolidarse hasta muy avanzado el año 50. Achaques añejos turbaban la existencia de Doña Victorina, y tenían su salud en constante amenaza. Desengañada de médicos y boticas, había tomado afición al tratamiento doméstico puramente vegetal, y como Domiciana le facilitara combinaciones ingeniosas para el alivio de sus complejos males, puso en ella confianza, y de la confianza y del frecuente trato nació una cordialidad que cada día iba en aumento. Escogidas y preparadas por sus propias manos, Domiciana le administraba la brionia para los nervios, la cinoglosis para la tos, el sauce para los efectos diuréticos, la genciana para combatir la fiebre, y como últimamente se le manifestaran á la señora unos sarpullidos molestísimos, acudió contra ellos la herbolaria preparando, con esmero exquisito, el *Agua de carne de ternero para calmar el ardor de la piel.*

Si estos servicios no produjeron por sí la intimidad, fueron sin duda sus conductores más eficaces, porque en el curso de ellos tuvo la dama ocasión de apreciar la grande agudeza de Domiciana y los varios talentos de que Dios habíala dotado largamente. Gustaba de su compañía, y no había para ella conversación más grata que la de la cerera. La historia de su reclusión monástica que Domiciana refirió á Lucila, según consta en esta relación, fué contada mucho antes á Doña Victorina con lujo de sinceridad y pormenores muy instructivos. Oyéndola y saboreándola, la señora formulaba este juicio sintético: "Tu locura, en la cual no hubo poco de fingimiento, fué tan sólo lo que llamaremos contra-vocación, ó irresistible necesidad de volver al siglo, de apagar el fuego místico, por encender el no menos sagrado fuego de los afanes de la vida libre y del trabajo.„

Era Doña Victorina de madura edad, ya pasada de los sesenta, y desempeñaba el puesto de camarista en Palacio desde la caída de Espartero. Tenía parentesco con la Priora de la Concepción Francisca, Sor María del Pilar Barcones, y era grande amiga de la seráfica Patrocinio. Con ésta habló de Domiciana, encareciendo su don de simpatía, su gran saber de cosas prácticas; y la de las llagas declaró con sinceridad que nunca la tuvo por loca *de hecho*, y que le había facilitado la salida creyendo que mejor podría servir á Dios dentro que fuera. De estas conversaciones entre las dos ilustres señoras, provino que Domiciana fuese á visitar á sus antiguas compañeras, y que después, por encargo de algunas, les suministrara líquidos ó polvos de su industriosa producción; y como en tales días, que eran los del verano del 50, sufrieran algunas Madres rabiosas picazones de cuerpo y manos, por efecto sin duda del calor (aunque autores de crédito sostienen que ello entró de golpe, como contagiosa epidemia fulminante), no paraba Domiciana de preparar para ellas sus tan acreditadas *Aguas de carne de ternero,* y además, con otros fines, les llevaba la *Purificación de hiel de buey para quitar manchas de las ropas de tisú.*

Ya tenemos á Domiciana en comunicación diaria con las que fueron sus Hermanas; entraba en clausura siempre que quería, y á solas platicaba con Patrocinio en su celda, refiriendo con tanta prolijidad como gracia todo lo que en el mundo veía, y las conversaciones que pasaban por sus despiertísimas orejas. Fué creciendo y estrechándose esta comunicación, no sin que Doña Victorina, condenada por sus achaques á cierta inmovilidad, la utilizase para transmitir al convento, antes que los acuerdos políticos de *la casa grande,* los simples rumores y las más insignificantes palpitaciones del vivir palatino. No necesitaba la prestigiosa *Madre* que le contaran lo que pensaban los Reyes, pues esto ellos mismos se lo decían; pero gustaba de reunir y archivar una viva documentación humana, de accidentes, menudencias ó gacetillas, que eran de grande auxilio para juzgar con acierto y enderezar bien las determinaciones... La exactitud, la sinceridad concienzuda con que Domiciana transmitía de un extremo á otro las opiniones ó noticias que se le confiaban, sin quitar ni poner ni una mota gramatical ó de estilo, eran el encanto de Doña Victorina, que la diputó como el mejor telégrafo del mundo, muy superior al sistema de torres de señales que en España se establecía, y aun al llamado eléctrico, que ya funcionaba entre muchas capitales europeas.

Sospechas muy cercanas al conocimiento tenía de aquel trajín telegráfico de su amada hija el buen D. Gabino, y de ello se alegraba, esperando algún medro para la familia y para los amigos. Y D. Mariano Centurión, desde que su olfato perruno le reveló el porqué de tantas idas y venidas, no dejaba en paz á la exclaustrada y en acecho vivía para cazarla en la casa ó en la calle. De la impaciente ansiedad del desgraciado cesante dará idea este diálogo que con Domiciana sostuvo en la tienda, un día de Febrero, que por más señas era el de San Blas. El despacho había sido de consideración en la pasada festividad de las Candelas, y D. Gabino estaba poniendo las cuentas de lo que tenía que cobrar en las Carboneras y San

Justo, en San Pedro y el Sacramento; Domiciana y Lucila, que acababan de llegar, hacían pábilos; Ezequiel y Tomás preparaban en el taller una tarea de velas... Apoyado más que sentado en un saco de cera en grumo, Centurión simbolizaba con su postura la inestabilidad de su existencia, y con su palabra el desasosiego en que vivía. "Tenga paciencia—le dijo Domiciana,—y agárrese bien á los faldones del Sr. Donoso, que es quien ha de sacarle adelante. Yo, tonta de mí, ¿qué puedo?

—A los faldones me agarro—replicó Centurión;—pero como no soy solo, como tantas manos acuden allí, pesamos mucho, y el hombre tiene que sacudirse... También digo y sostengo que no es mi amigo Donoso el más prepotente, porque no fué quien nos trajo las gallinas, *vulgo* Ministerio, aunque lo parezca por el discurso famoso que disparó contra Narváez en Diciembre. Sin discurso habría caído D. Ramón, de quien estaban hartos en Palacio, y más hartas las *Madrecitas* de Jesús... No se haga usted la asombradiza, Domiciana. Mejor que yo sabe usted que á este Gobierno lo traen para que ponga la Religión sobre la Libertad, y el Orden sobre el Parlamentarismo. ¿Cumplirá?

—Este Gobierno *honrado*—afirmó D. Gabino,—bien claro lo han dicho sus órganos, viene á moralizar la Administración y á santificar al pueblo, apartándolo de los vicios. Ya se anuncian dos grandes medidas: el arreglo de la Deuda, y la supresión del En-

tierro de la Sardina, que es un gran escándalo popular en día como el Miércoles de
Ceniza, destinado á meditar que somos polvo... Aunque no lo ha dicho, porque esto es
cosa delicada, también viene este Gobierno á
quitar el Militarismo, que es una de las mayores calamidades del Reino, y á poner economías, limpiando de vagos las oficinas, y
rebajando sueldos á tanto gorrón... y por último, á librarnos de la plaga de la langosta,
pues en el Ministerio se ha presentado un
proyecto muy útil, que el Gobierno hace
suyo, y consiste en acabar con el maldito
insecto cebando pavos...,,

Rompió á reir Centurión, y le quitó á su
amigo la palabra diciendo: "Antes digerirán
los pavos toda la langosta de Andalucía y la
Mancha, que nosotros las bolas que nos hacen tragar los papeles públicos. Los *honrados* no han venido para quitar el Militarismo, ni para el arreglo de la Deuda, ni para
la moralidad, ni para las economías. Todas
esas son pantallas del disimulado pensamiento de la *Honradez*, que es comerse la
Constitución, cerrar las Cortes, ó dejarlas
siquiera con la puerta entornada, y abolir
la imprenta libre... A esto han venido, y
creer otra cosa es ver visiones. ¿Cumplirá el
Gobierno?, vuelvo á preguntar. Me temo que
no, como sea reacio en llevar á su lado á los
hombres que abundamos en esa idea... Si
D. Juan, y Bertrán de Lis, y González Romero nos postergan, no faltará quien mire
por nosotros. Manos blancas les condujeron

á ellos á las poltronas. A esas mismas manos nos agarraremos, y ¡ay de ellas si después de levantar á los grandes no dan apoyo á los chicos!

—Este D. Mariano —observó la ex-monja encubriendo su sinceridad con graciosa máscara,—es de los que creen la paparrucha de que las pobres *Madres* dan y quitan empleos. Dígame: ¿se ceba usted con esas mentiras, como los pavos con la plaga de la langosta?

—Si me cebo ó no me cebo con mentiras va usted á verlo, Domiciana—replicó Centurión avanzando hacia ella, y asustando á todos con su gesto iracundo y el temblor de su boca famélica.—A fines del año pasado la Madre Patrocinio dijo: "quiero que sea Gentilhombre de Palacio D. Angel Juan Alvarez„, y al instante se mandó extender el nombramiento. En Enero, Isidrito Losa, protegido de la misma *Madre*, quiso una plaza de Gentilhombre, con ocho mil reales. Abrió la *Madre* la boca y al instante se la midieron. Desconsolado quedó el hermano de Isidro, Faustino Losa; pero la *Madre* le adjudicó una capellanía de honor con veinte mil reales. El sobrino de la Priora, Vicente Sanz, fraile Francisco, hipaba por un destinito de descanso. "Espérate un poco, hijo.„ Abre otra vez su boca la Seráfica, y hágote también Capellán de honor con veinte mil.

—Pero esos son empleos de Palacio, no del Gobierno.

—Pues de empleos de Palacio se habla. Y

también digo á usted que lo mismo decreta
Su Caridad en destinos palaciegos que en
destinos de la Administración, y lo probaré
cuando se quiera... Ahora tienen las monjas toda su atención en mejorar de vivienda, y para arreglarles el palacio viejo de
Osuna en la calle de Leganitos se está gas-
tando la Casa Real obra de dos millones de
reales... Pero como no es ésta bastante protección, la Reina dota con veinte mil reales á
toda novicia que allí tome el hábito, con lo
que tenemos un jubileo de señoritas que pasan del mundo al convento para descanso
de sus padres. Ocho van ya del verano acá,
que le han costado al Real Patrimonio...
pues ocho mil duretes... Luego decimos que
aquí no hay dinero para nada, y que España
es un país de tiña y piojos... La tiña la tenemos los infelices que no sabemos ó no que-
remos arrimarnos á los cuerpos bien incen-
sados, y contra piojos no hay remedio como
el agua bendita... Deme usted una vela, Don
Gabino; regáleme usted una vela de desecho,
Domiciana, que no quiero ser menos que mi
amigo Bertrán de Lis, el cual armó un gran
escándalo el año 45, cuando Pidal quiso abolir la libertad de la imprenta, y después,
viéndose olvidado y desatendido, fué y ¿qué
hizo?.. pues ponerse escapularios y pedir in-
greso en el *Alumbrado y Vela.* A eso voy yo,
como una fiera, y no me contentaré con asistir á procesiones, sino que á todas horas saldré por la calle con mi cirio, rezando el rosario, para que me oigan, para que se enteren,

para ser alguien en la comparsa social; para
que no me llamen *Don Nadie*, y poder comer, poder vivir... Díganme dónde están la
última monja y el último capuchino para ir
á besarles el borde de las estameñas pardas
y la suela de la sandalia sucia. Locura es
querer alimentarse con las soflamas de mi
amigo Donoso, forraje místico que no pro-
duce más que flato y acedías. Si á él le pa-
gan sus discursos con embajadas y títulos de
Marqués, á los que le aplaudimos y vamos
por ahí dando resoplidos de admiración para
hinchar los vientos de su fama, nada nos
dan, como no sea desaires y malas palabras. Mucha religión, mucha teología política, mucha alianza de Altar y Trono; ¿pero,
las magras dónde están? Yo las quiero, yo
las necesito: las reclama mi estómago y el
estómago de toda mi familia que es tan católica como otra cualquiera. Denme la vela,
D. Gabino y Domiciana... Aquí está un
hombre que se declara huérfano, y sale en
busca de una *Madre* que le consuele... Dígame, Domiciana, cómo llegaré á la *Madre*,
y qué debo llevar, á más del escapulario y
vela, y qué arrumacos he de hacer para la
adoración de sus llagas, que yo pondría también en mis manos, y en toda parte de mi
cuerpo donde pudieran darme el olorcito de
santidad que deseo.„

Sofocado y como delirante, sin saber ya
lo que decía, terminó su arenga el desesperado D. Mariano, y girando sobre sus talo-
nes fué á desplomarse sobre el saco. La fa-

milia del cerero le oyó al principio con regocijo, después con lástima, al fin con pena...
Todos suspiraban.

XII

Ganando fuerzas y cobrando ánimos en su
lenta reparación, gracias á los cuidados y al
cariño de Lucila, que así le proveía de ali-
mentos como de esperanzas, el Capitán parecía otro en los últimos días de Febrero. El
renacimiento moral iba delante del físico; á
medida que entraban en la zahurda las comodidades y el buen vivir, se iba marchan-
do la tristeza, y con las seguridades que llevaba la moza de que ya no debían temer acecho de polizontes, recobraba Gracián toda la
gallardía de su persona. Una serena y tibia
noche, después de cenar, sentáronse los dos
en el ventanón, y abrieron los cristales para
contemplar el cielo y los términos lejanos
que á la claridad de la luna desde aquellas
alturas se distinguían. Ya Lucila, sin desmentir su modestia, se vestía y arreglaba
esmeradamente con lo que le daba la cerera, y Tomín, por no ser menos, gustaba de
componerse, para que ella viéndole se alegrara: se reían y recíprocamente se alaba-
ban. "Ya estás como antes de la trifulca,
Tominillo; y si no fuera por la barba creci-
da, parecería que no habían pasado días por
tí. La cabeza es la misma: tu pelito cortado,

como lo tenías antes, y bien perfumadito, y tan suavecito. No dirás que no soy buena peluquera.

—¡Tú sí que estás guapa!—contestaba él cogiendo á su vez el incensario.—No sé si decir que estás ahora mejor que cuando te conocí. Tus ojos son no sólo el alma tuya, sino el alma de todo el Universo.

—No, no, Tomín: los ojos tuyos son los que más cosas traen en su mirar... Miras, y se queda una pensando, asustada de lo grande que es el mundo... el mundo del querer, Tomín...

—Grande es. Tus ojos lo miden, y aún les sobra medida. Yo veo en ellos todas las cosas creadas... y las que están por crear.

—El querer es gloria y martirio: por eso es un mundo que no tiene fin.

—El martirio tuyo por mí, Lucila, es mi gloria. Y mi padecer, ¿qué ha sido más que la gloria tuya? Tú me has resucitado... No me digas que no eres santa, porque eso será lo único que no te creeré.„

De este tiroteo de ternezas, en elevada región de sus almas exaltadas, descendían á las ideas prácticas, y trataban del problema que ya pedía inmediata solución: cambiar de vivienda, estableciéndose en sitio más holgado y decoroso. Después de divagar un rato sobre esto, iban á parar al asunto que más embargaba la curiosidad y los pensamientos de Tomín. Había cuidado Lucila de referirle todo lo que Domiciana hacía por él, ó por los dos, que en un solo sentimiento confundía

el interés por entrambos; contóle también
las relaciones de la ex-monja con una dama
de la Reina. Ni á Domiciana ni á Doña Victorina las conocía Gracián. La cerera no le
había visto nunca; ignoró su nombre hasta
que Lucila se lo dijo para que lo apuntara,
el día mismo en que la enseñó á peinarse á
la moda. ¿No podría creerse que detrás de
Domiciana y de la Sarmiento existía, bien
tapujadita entre sombras discretas, alguna
persona que era la verdaderamente interesa-
da en la libertad y la vida de Bartolomé? Y
aquí encajaba la pregunta ansiosa de Lucila: "Dime, Tominillo, dímelo como si habla-
ras con Dios; repasa bien tus recuerdos; dí
si en ellos encuentras alguna mujer, dama
de Palacio, ó dama de una casa cualquiera,
que en otro tiempo fué tu amiga, y ahora te
protege, nos protege por mano de Domiciana.„

Revolviendo los más hondos asientos de
su memoria, Tomín dijo: "Por más que ca-
vilo, no encuentro lo que buscas, ni puedo
afirmar nada... Aparece, sí, en mis recuerdos alguna mujer... ¿Dices que tiene que
ser dama?

—Sí; y de influencia, de mucho poder.

—Pues entonces no... No hay nada de eso.

—Busca bien, Tomín... Y á falta de dama
influyente, ¿no podrías encontrar alguna
nonja?

—¿Monja?... Eso ya es más grave. No te
diré que no me salga alguna monja. Pero
ello es en tiempos remotos y muy lejos de

Madrid, nada menos que en Mequinenza.

—La distancia no importa.

—Además... ahora recuerdo que la monja que entonces conocí, vamos, que la sacamos del convento entre un amigo y yo, se ha muerto.

—Tú me has contado que de los veintitrés á los veintiocho años fuiste muy calavera, un galanteador tremendo... ¿Entre tantas fechorías de amor, Tomín mío, no habrá el caso de haber querido á una mujer, de haberla dejado, como se deja una prenda de ropa que ya no sirve? ¿No pudo suceder que esa mujer, viéndose despreciada, volviera todos sus amores á Dios, y escondiera su tristeza en un convento, y allí tomara el hábito?

—Por Dios, Lucila, haces preguntas y presentas casos que le confunden á uno... No, no: eso es cuento, una novela de Carolinita Coronado ó de Gertrudis Gómez... Y si me apuras, no podré negar en conciencia que exista ese caso... ¡Cualquiera sabe si..! Me vuelves loco... Deja, deja que corran los acontecimientos y se cumpla el Destino... ¿Esa dama de Palacio, ó esa monja que me protege, han de ser personas de gran poder?

—Así parece, Tomín... No pensaba hablarte de esto; pero ya que ha salido conversación, sabrás que hoy me ha dicho Domiciana: "Téngase el buen Gracián por indultado... La policía no se meterá con él., Y después dijo, dice: "Pero conviene que no salga á la calle todavía. Ya se le advertirá cuando pueda salir.,

—Pues ¡viva la Libertad! ¡Respiremos, vivamos! —exclamó el Capitán levantándose como de un salto, y midiendo con mirada de hombre libre la opresora pequeñez del cuartucho.

Mientras Lucila se abismaba en tenebrosas inquietudes, el Capitán veía risueños espacios, azules como sus ojos. Hasta muy tarde estuvo desvelado, sin hablar más que de política, haciendo un formidable pisto en su cabeza con las ideas propias y las que de su lectura de periódicos había sacado en aquellos días. "¿No crees tú, Lucila, que este *Honrado concejo de la Mesta*, como dicen los guasones, viene á trasquilar al Militarismo, para que le crezca la lana á los cogullas? Esto es bien claro: se quiere arrumbar á la Tropa para que suba y medre el cleriguicio... Combatir el Militarismo significa quitarle la espada á la Nación para que no pueda defenderse. ¡El Militarismo! Así llaman á nuestro imperio, á la fuerza legítima que hemos adquirido construyendo la España civilizada sobre las ruinas de la retrógrada. Desde aquí veo yo la gran conspiración militar que se está fraguando en Madrid y en provincias para volver las cosas á su estado natural: las armas arriba, los bonetes abajo. Y cuanto más pienso en esto, más me inclino á relacionarlo con el misterio de las personas desconocidas que miran por mí. Tu idea de que me protegen monjas ó damas de Palacio es un desvarío de mujer, que no penetra en el fondo de las cosas

Alma mía, aquí no hay mujerío ni monjío;
el socorro y las esperanzas de libertad nos
vienen de mis compañeros de armas agaza-
pados en las logias. En la casa de Tepa estuvo y está siempre, aunque otra cosa piense y diga la policía, el centro de la eterna
revindicación; aquel fuego nunca se apaga;
de allí ha salido la voz que me dice: "Gracián, no desmayes; tus martirios tocan á su
fin. Por tí velamos los leales; no está lejos
la hora del triunfo„... Y no me contradigas,
Cigüela del alma, trayéndome otra vez á co-
lación tu resobada leyenda de la monja y la
dama. ¿Sabes tú, pobrecilla, las ramificacio-
nes que por una y otra parte de la sociedad
tiene nuestra comunidad masónica? ¿Quién
te ha dicho que no enlazamos nuestros hilos
con hilos muy finos de conventos y palacios? ¿De dónde sacas que el señorío y el
monjío no se dejan también camelar por los
caballeros *Hijos de la Viuda?* ¡Tonta, más
que tonta! ¿Y cuándo ha sido un disparate,
como crees tú, que la misma policía nos
pertenezca? ¿Qué han de hacer esos pobres
esbirros, sabiendo que ya rondan la casa de
Tepa todos los Generales residentes en Madrid, O'Donnell, Lersundi, el mismo Figueras, y que D. Ramón Narváez dirige los trabajos desde París, donde Luis Napoleón le
trata á cuerpo de Rey?... ¿Dices que esto es
ilusión, locura? ¿Crees que aún tengo la cabeza débil?

—¡Pobrecito mío—exclamó Lucila,—tanto tiempo encerrado en este nido de murcié-

lagos! Cuando salgas y veas gente, y respires el aire que todos respiran, pensarás de otro modo."

Calló el Capitán, no sin que le pusieran en cuidado las últimas palabras de su amiga. Sentada frente á él, Lucila también callaba, viendo pasar por su mente, con marcha circular de tío-vivo, una repetida procesión de monjas y damas. Del propio modo, andando y repitiéndose, iban las velas colgadas del arillo en el taller del cerero. Sobre las almas del Capitán y de Lucila se posó una nube de tristeza; pero ninguno decía nada. Tomín rompió el silencio, preguntándole: "¿En qué piensas?

—Bien podrías adivinarlo, *Min*—replicó Lucila.—Pienso que á los dos no nos protegen, sino á tí solo; á mí, si acaso mientras pueda sacarte adelante; á mí no más que por el tiempo en que necesites enfermera... Me debes la vida... no lo digo por alabarme... pero ¿verdad que me la debes? Una vez asegurada tu vida, llegará el día en que conozcas á quién hoy mira por tí. ¿Será monja, será dama? Sea lo que fuere, cuando estés salvo, toda tu gratitud será para esa persona, todo tu amor para ella... ¡*Min*, ay mi *Min!* y ya no te acordarás de la pobre Cigüela... Sí, mi *Min*, no digas que no.

—Lucila, me matas... no sabes el daño que me haces—dijo Gracián apartándole las manos, que se había llevado al rostro, anegado en llanto.—¡Olvidarte yo... ser yo ingrato contigo! ¡Nunca!... Tú y yo unidos

8

siempre, siempre, unidos en la felicidad como lo hemos estado en la desgracia.

—No, no... Ahora lo crees así, ahora me dices lo que sientes; pero después...

—No hay después que valga. Si eso pudiera ser, téngame Dios toda la vida en esta miseria... Que me cojan, que me fusilen. Muera yo mil veces antes que separarme de tí, corazón. ¿Qué·soy yo sin tí?

—Lo que fuiste antes de conocerme.

—Me acuerdo de lo que fuí, y no quiero ser aquel hombre, no quiero ser el hombre que no te conocía, que ignoraba la existencia de Lucila. Por Dios, no tengas esa idea, que es para mí peor que una idea de muerte. Todas las protectoras del mundo, si es que las hay, no valen lo que mi ángel. Lucila, no ofendas á tu *Min*, no mates á tu *Min*...„

Las ternuras que le prodigó, sincero, rendido, con alma, sosegaron á la enamorada moza, que se secaba las lágrimas diciendo: "Bueno, mi *Min*, te creo; sí, te creo... No te hablo más de eso... ni lo pienso tampoco, mi *Min*, no lo pienso... Duérmete, descansa...„

XIII

Con las buenas prendas de ropa, nuevas las unas, las otras apenas usadas, que le iba dando Domiciana, llegó á ponerse Lucila tan bien apañadita, que daba gloria verla

Si sus extraordinarias gracias naturales adquirían realce con la pulcritud y el decente atavío, la ropa puesta sobre tal belleza resultaba mucho más linda y elegante de lo que era realmente. Por la calle veíase seguida y acosada de mozalbetes, y por todos requerida de amores. Tenía que cuadrarse á menudo, tomando los aires de arisca manola, para sacudirse de los señores de *levosa* (así solían llamar á las levitas) y de los militares de *chistera* (mote aplicado á los tricornios). Por su parte Domiciana no se descuidaba, y cada día se iba poniendo más guapetona. Peinábase lindamente; sus trajes eran elegantes dentro de la sencillez y modestia; presumiendo de pie pequeño y bonito, calzaba con fineza, y era por fin extremada en el aseo de su persona. Lucila se maravilló de ver los variados objetos que en su alcoba y gabinete tenía para la diaria faena de sus lavatorios.

La confianza entre las dos mujeres crecía y se afianzaba de día en día, llegando hasta la fraternidad. Domiciana propuso á Lucila que se tutearan, y así quedó practicado y establecido, hablándose como compañeras ó amigas de la misma edad. En tanto, la exclaustrada consagraba ya menos tiempo á la preparación de ingredientes de tocador ó de medicina casera, sin llegar al abandono de su industria. La cerería teníala confiada á Ezequiel y Tomás: iba y venía, contenta y orgullosa, como el que ve sus facultades aplicadas á un fin práctico con resultado eficaz. Pero no le faltaban quiebras y desazo-

nes, y una de éstas era el continuo asedio
del pobre cesante, amigo y azote de la casa,
que habíala tomado por buzón en que diariamente depositaba el eterno memorial de sus
cuitas. D. Mariano era su sombra: le cogía
las vueltas en la calle, la estrechaba en la
tienda y trastienda, seguíala con frescura
descortés al sagrado de sus habitaciones
particulares, se colaba en el gabinete, y
hasta la sorprendió una vez en papillotes,
preparándose para su limpieza corporal.

«Por Dios, D. Mariano, respete...

—Señora, los cesantes no respetamos nada. Somos una plaga española; somos una
enfermedad de la Nación, una especie de
sarna, señora mía, y lo menos que podemos
pedir es que se nos oiga, ó que se nos ras-
que. Ningún español se puede librar de
nuestro picor. Oigame usted y perdone.„

Un día de Marzo, hallándose Lucila y Domiciana en la sala-droguería ribeteando, con
prisas, una capa que habían comprado en
corte para Tomín, se les presentó de improviso Centurión con aquellos modos serviles
y aquel gracejo un tanto cínico que gastaba,
y no hubo manera de quitársele de encima.
«Soy yo, la sarna—dijo al entrar, enseñan-
do en una rasgada sonrisa toda su dentadura.—Vengo á picar, señoras. Rásquense ustedes; oiganme.

—Vamos D. Marianito—le dijo Domiciana,—que no estaba usted poco devoto esta
mañana en San Justo... ya, ya.

—Hay que dar ejemplo, quiero decir, tomarlo. *Sigue las pisadas de los que van por el recto camino*, cantó el Salmista.

—Y usted no se descuida... á un tiempo pica y reza.

—Siento que no me viera usted en la iglesita del nuevo convento de las señoras Franciscas, calle de Leganitos. Allí me pasé ayer toda la tarde, y hoy en la Encarnación, donde es Abadesa una prima segunda de mi esposa, y sobrina del Sr. Tarancón, Obispo de Córdoba, que ahora está en Madrid... Ya me inscribí en dos Cofradías. Pico todo lo que puedo... El maldito Gobierno es el que no se rasca. Y eso que en todas las sacristías me hago lenguas de la piedad de estos señores Bravo-Murillistas, que para entenderse con Roma y hacernos un Concordato, han nombrado Embajador al imponderable D. José del Castillo y Ayenza. La impiedad habría mandado á un regalista; la ortodoxia manda al más rabioso de los ultramontanos. Los que tenemos memoria recordamos que en 1846, cuando se discutió en el Congreso la persona de Castillo y Ayenza, el Sr. González Romero le llamó *incapaz* y dijo de él horrores. Pues este González Romero que era entonces cismontano, como lo éramos todos los de la cuerda liberal, y hoy se ve encumbrado á la poltrona de Gracia y Justicia, ha elegido al mismo *incapaz* sujeto para que vaya á Roma por todo, es decir, por un Concordato. Yo me felicito: todos hemos venido á ser *ultras*.

—¡Mala lengua!—le dijo Domiciana más

compasiva que iracunda,—con la hiel que
usted derrama habría para poner una gran
botica de venenos.

—¡Oh! señora, no derramo yo hieles ni
venenos, sino cerato simple y bálsamo tranquilo—replicó Centurión.—Desde que me
metí á *ultra*, me tiene usted consagrado á
desmentir todos los rumores que corren contra el Gobierno, y contra Palacio y el monjío. Voy algunos ratos á los corrillos de la
Puerta del Sol, donde están las peores lenguas de la cristiandad, y allí pongo de vuelta y media á los maldicientes. Sabe usted
que cada semana tenemos un notición nuevo, pedazo de carne podrida que se arroja á
los pobres cuervos para que vayan viviendo. La comidilla putrefacta de hoy es ésta:
Su Majestad el Rey, que no puede vivir sin
visitar cuatro veces al día á las señoras
Franciscas de la calle de Leganitos, se incomoda de que el público le vea pasar en
coche tan á menudo, y de que la guardia de
Artillería del cuartel de San Gil señale su
paso con toque de corneta... ¿Y qué ha dis-
currido para guardar el incógnito? Pues vestirse de clérigo. Así ha podido hacer de noche sus visitas, atravesando á pie las calles...

—Eso es mentira—afirmó indignada la
cerera,—y el que tal crea y diga merece que
le emplumen... por tonto, más que por malo.

—Ya sé que es falsedad. ¡A quién se lo
cuenta! Yo estuve en acecho dos noches, y
no ví nada. Pero hay quien por haberlo so-

ñado, asegura que lo ha visto. En las tertulias de la Puerta del Sol tenemos mentirosos de buena fe que le dan á uno espanto... Yo me seco la lengua rebatiendo sus disparates. Hoy, por poco le pego á uno que me sostenía con toda formalidad que el Rey se entretiene en jugar á la gallina ciega con las novicias...

—¡Vaya un disparate! Hace usted bien en destripar esos cuentos ridículos. Pique usted, Hermano Centurión, pique por ese lado y se le hará justicia.

—Hermana Domiciana, yo pico; pero la justicia no llega. Ya dije á usted en qué paso mis tardes: á prima noche me tiene usted en los ejercicios de Italianos ó Bóveda de San Ginés, alternando, y de allí me voy á mi casa. Nadie me verá en teatros, cafés, ni alrededor de las mesas de billar. En mi casa trabajo á moco de candil. Consagro los ratos de la noche á la Poesía, con quien algún trato tuve en mi mocedad. No me faltaba lo que llamamos estro... Dirá usted que quién me mete á poeta, y yo contesto que si somos plaga, seámoslo en todos los terrenos. ¿Ha observado usted que los poetas del día no se tienen por tales si no enjaretan una ó más composiciones religiosas? Los viejos, los de mediana edad, y aun los jovencitos que rompen el cascarón retórico. nos regalan cada día, bien la *Oda al Santísimo Sacramento*, bien la *Canción á los Reyes Magos*, éste *Octavas reales á San José bendito*, el otro *Quintillas á la Creación del*

Mundo, cuando no un *Romance á los Miste-rios gozosos de Nuestra Señora...* ¡Pues no han sido poco celebradas las composiciones de mi amigo Baralt *A la Encarnación*, y de Cañete á la *Transfiguración del Señor!* Pero á todos supera el numen del insigne poeta D. Joaquín José Cervino, que en su *Oda á las Bodas de· Caná*, refiere el milagro con estos rotundos versos:

> *Ya linfa en hidria pura contenida,*
> *Mira en licor de Engadi convertida.*

„Pues los chicuelos que empiezan ahora,. como Pepe Selgas y Antonio Arnao, también enjaretan su metrificación correspon-diente sobre un tema religioso. Hasta los padres graves de la pasada era romántica, los Hartzenbusch, los García Gutiérrez, los próceres como Saavedra y Roca de Togo-res, y el grandullón D. Juan Nicasio, se descuelgan con su *Silva al Sacrificio de Isaac*, ó con un lindo *Panegírico de la Pen-tecostés* en alejandrinos. ¿Qué es esto más que una señal de los tiempos? No vivirían los poetas si no se arrimaran á los pesebres del Estado, y como el Estado es hoy manos y pies invisibles del cuerpo de la Iglesia, que tiene su visible cabeza en Roma, todos los jóvenes y viejos que andan por el mundo con una lira á cuestas, ó la tocan para Dios y los Santos ó no comen... Vea usted por dónde yo he resucitado mis antiguas debili-dades poéticas; desempolvo mi lira y poniéndole cuerdas nuevas, me lanzo á tocarla con plectro y todo, y endilgo mi *Canto Epico al Centurión Cornelio*... En la invocación á la *Musa Cristiana* para que me sople, doy á entender que de aquel romano Centurión procede mi familia, y que por ello estoy obligado á cantarle con tanta gratitud como entusiasmo y fe. En *La Patria* podrá usted leer mi *Canto Epico*. He preferido este periódico porque es el que viene pegando fuerte á Narváez, Sartorius y á toda la fracción caída, que ha tenido en tal desamparo á la religión y sus ministros. ¿Ha leído usted lo que dice del donativo que hizo la Reina á Narváez?

—No leo periódicos, D. Mariano, ni me importa lo que digan.

—Pues el regalito fué de ocho millones, para que pudiera vivir con decorosa independencia el hombre que... Hoy hablaban de esto en la Puèrta del Sol, y allí hubo quien, echando fuego por los ojos y ácido prúsico por la boca, hizo la cuenta del número de cócidos que con esos ocho millones se podrían poner en un año, para los tantos y cuantos españoles que se pasan la vida ladrando de hambre...,,

Cansadas del insufrible lamentar de aquel mendigo de levita, Lucila y Domiciana le miraban esperando un punto, ó punto y coma, en que pudieran meter cuña para despedirle. "Hermano Centurión—dijo al fin la cerera,—acabe ya y déjenos, que tenemos que hablar las dos de nuestras co-

sas, y con su salmodia nos ha levantado ja-
queca.

—Como benemérita plaga española que
soy, Hermana Domiciana, no tiene usted
más remedio que sufrirme... No puedo reti-
rarme mientras no ponga en conocimiento
de usted algo que debe saber, y para que lo
sepa he venido hoy aquí.

—¡Pues hubiera empezado por eso, Santa
Bárbara!

—¡San Caralampio! Yo empiezo por el
fin y acabo por el principio, á causa de tener mi pobre cerebro del revés, como es uso
entre cesantes... Vamos al caso: usted sabe
que la Madre Patrocinio bebía los vientos por
destituir al señor Patriarca de las Indias,
D. Antonio Posadas Rubín de Celis... Nunca le perdonó á este señor que se burlara de
las llagas, y las calificara, como las calificó,
de *farsa indigna de una nación católica*...
El odio de Su Caridad levantó gran polva-
reda contra el Prelado, por si era ó no era
de la cáscara amarga. Se decía que en 1823,
gobernando la diócesis de Cartagena, renun-
ció la mitra y se fué á la emigración por no
bajar la cabeza ante el absolutismo... Esto
le imputaban, y de tal modo atronaron los
oídos del Rey y de la Reina, que al fin...
usted lo sabe... le largaron el cese al Patriarca, y en su lugar fué nombrado D. Nicolás Luis de Lezo, confesor de la Reina
Madre, el cual, se endilgó la sotana morada,
antes que de Roma vinieran las Bulas... Usted sabe que lo que vino de Roma fué un so-

berano rapapolvo desaprobando todo lo hecho, y confirmando en su puesto al Sr. Posada y Rubín de Celis... Usted sabe que...

—Ya me está usted estomagando con si sé ó no sé—dijo Domiciana.- Lo que yo sepa ó ignore no es cuenta de nadie.

—Todo el mundo sabe que el Sr. Lezo, á pesar del rapapolvo, siguió con su capisayo morado, tan guapín, olvidando que ni es Obispo ni nada. Nuestra graciosa Reina, que de niña era muy salada, puedo dar fe de ello, y de mujer es la sal misma, le puso á D. Nicolás Luis un mote graciosísimo... usted lo sabe: *el Obispo de Farsalia*...

—Bueno, ¿y qué?

—La señora *Madre* aguantó el cachete, por venir de Roma, y esperó; el señor Patriarca, ya muy viejecito, no podía ser eterno... Al fin se lo ha llevado Dios: ya está vacante el puesto. Y ahora, Hermana Domiciana, yo le pregunto á usted por si quiere decírmelo: ¿Sabe quién será el nuevo Patriarca?

—No lo sé, ni aunque lo supiera se lo diría.

—Porque la Reina Cristina hace hincapié por su candidato, el de Farsalia; el Infante D. Francisco se interesa por el Padre Cirilo... y el Gobierno... Esta es la noticia que le traigo á usted, noticia que aparejada lleva una preguntita. El Gobierno propone al Señor D. Joaquín Tarancón, Obispo de Córdoba, que, como he dicho antes, es tío de la señora Abadesa de la Encarnación. Me consta que una gran parte de lo que podríamos llamar *elemento eclesiástico* vería con gusto al Sr. Tarancón en el Patriarcado de Indias, y yo... no le digo á usted nada: casi casi es mi pariente... Pues ahora viene la pregunta: ¿Sabe usted quién es el candidato de la *Madre?* Porque yo me pongo á discurrir y digo: "O hay lógica ó no hay lógica. Si un Gobierno que tiene por dogma la perfecta obediencia á las soberanas voluntades que nos rigen, se lanza á proponer á Tarancón, ¿no quiere esto decir que Tarancón es grato á la *Madre,* y por ende á la *Hija,* ó en otros términos, que Tarancón es el candidato del *Altar y el Trono,* como decimos los *ultras?*..." Con que, Hermana Domiciana, dígame si esto que pienso es la verdad, ó si me falla la dialéctica; dígamelo, y hará un gran favor á un padre de familia con mujer y siete criaturas. ¿Es D. Joaquín Tarancón candidato de la *Madre?*... Porque si lo es, *Patriarcam habemus.*"

Nerviosa y un tanto descompuesta le contestó Domiciana que no tenía nada que contestarle ni que decirle, como no fuera que tomara la puerta y se largase con sus historias á la del Sol, ó á cualquier mentidero. Lastimado en lo vivo D. Mariano, levantóse afectando dignidad y dió algunos pasos hacia la salida. Mas no quiso irse sin venganza de aquel desprecio: calóse el sombrero, requirió las solapas del levitón, y en actitud un tanto estatuaria, con temblor de la mandíbula y ronquera de la voz, se dejó decir: "Por no ser amable y franca, usted pierde más que yo, porque no le doy una noticia tremenda... noticia de un suceso reservado, que lo será por algún tiempo todavía... suceso... noticia de un valor que usted no puede figurarse... y que ignora todo Madrid, menos unos cuantos... y yo. En castigo, no se lo digo, no. Fastídiese, rabie.

—¿También de monjas y Patriarcas?

—No... Es cosa militar...—dijo Centurión escurriéndose á lo largo del pasillo.—Cosa militar... gravísima... y no lo sabe... Fastidiarse...„

Domiciana corrió tras él murmurando: "Hermano, aguarde, oiga...„

Pero él, impávido, desapareció en la obscuridad de la angosta escalera repitiendo: "No digo nada, nada... Fastídiese, rásquese... Cosa militar...

XIV

—¡Pero este D. Mariano...! ¿No te parece que está loco?... Y esa noticia de militares, ¿qué será?... ¿Pues sabes que me ha dejado perpleja y con ganas furiosas de saber...? Es un perro... Cuando le da por callar, molesta más que cuando nos aturde con sus ladridos... No me sorprende que sepa cosas muy reservadas... Estos cesantes rabiosos se meten en todos los rincones para olfatear lo que se guisa, y lo mismo entran en las sacristías que en las logias... Cosa de militares dijo. ¿Será alguna intentona?...¿Tendremos en puerta un pronunciamiento...?„

Esto decía Domiciana, en frases desgranadas, que revelaban su inquietud. Con paso inseguro fué de la puerta del pasillo á la ventana; miró á la calle, y al ver que en efecto salía Centurión, volvió junto á su amiga rezongando: "Disparado sale... Va echando demonios... Esa cosa militar ¿qué será? ¿Tú qué crees, Lucila?

—¿Yo qué he de creer?... Ya te sacará de dudas D. Mariano cuando vuelva.

Se puso en pie presentando la capa colgada de sus manos para que Domiciana viese el efecto del embozo. Resultaba muy bien, una prenda seria y poco llamativa, como para persona que durante algún tiempo no debía salir al público sin cierta reserva. Ya no faltaba más que acabar de coser la trencilla: la infatigable costurera se sentó de nuevo para proseguir la obra por una banda, mientras Domiciana trabajaba por otra.

"Sí que volverá, creo yo—dijo la cerera,— y si no vuelve le mandaré venir con cualquier pretexto. Hablemos de nuestras cosas.„

Antes de la entrada de Centurión había Lucila dado cuenta á su amiga de las buenas condiciones de la vivienda en que se había instalado con Tomín. Se creían transportados de un infierno aéreo á un cielo terrestre. Con frase menos sintética y más vulgar expresó Lucila su pensamiento... Satisfecho estaba Tomín; sus ojos, hechos á la miseria desoladora, veían los vulgares muebles revestidos de una dorada magnificencia. Ya recobraba el apetito y el buen color; pero la inmovilidad á que todavía se le condenaba le tenía en gran desasosiego. ¿Cuándo podría salir?

Un rato tardó Domiciana en contestar á esta pregunta. Sin apartar los ojos del mete y saca de la diligente aguja, alargando los morros, dijo: "¿Qué prisa tiene? Ya saldrá. Conviene esperar un poco, hasta ver en qué para eso del Patriarca...„

La aguja de Lucila se paró, señalando el zénit. Turbación, estupor y silencio grave en el ambiente que mediaba entre las dos mujeres. ¿Qué tenía que ver la libertad de Gracián con el nombramiento del Patriarca de las Indias?

"Todas las cosas de este mundo—dijo Domiciana sin mirar á la otra,—vienen y van más enzarzadas de lo que parece. ¡Con este lío del Patriarca hay cada disgusto...! A donde quiera que una va, encuentra caras malhumoradas... y se oyen cosas que... Parece que están todos locos...„

Conoció Lucila que no gustaba su amiga de aquella conversación, y puso punto en boca. Nombrando de nuevo á Tomín, Domiciana fué á parar á la promesa de solicitar para él el alta en el escalafón, y si las cartas venían bien dadas, un ascenso y pase al servicio activo. "En este caso—añadió,—¿crees que Gracián se casará contigo?„... "¡Ay, no o sé!„ fué la única respuesta de Lucila.

La cerera prosiguió así: "Nada tendría de particular que volviendo las cosas á su nivel, Tomín se casara con una persona de su clase... Tú entonces, poniéndote en lo razonable, podrías casarte con un hombre de tu clase, y serías feliz... No te faltarían protección y ayuda en tu matrimonio.„ Dijo á esto Cigüela que tenía por absurdas las ideas de su amiga, y repitió su antigua cantinela de que Domiciana no entendía palotada de amor, y que continuaba tan muerta y amojamada como cuando salió del convento.

"Estás en lo cierto—replicó la exclaustrada,—y siempre que hablo de amores, ó de amoríos, salen de mi boca desatinos muy garrafales; tan ignorante soy. Conozco al hombre en diferentes condiciones de vida: en la condición de avaro, de hipócrita, de cortesano, de astuto, de religioso; en la condición de enamorado no le he conocido nunca, ni sé lo que es. ¿Quieres más explicaciones? Pues allá van. Se ha dicho, y tú lo habrás oído tal vez, que yo me metí en el convento por desesperada de amor... la historia de siempre... un novio ingrato, una niña tonta que se vuelve mística... Pues no creas nada de eso, si de mí lo has oído. En mi caso no hubo despecho amoroso. Yo me arrojé al convento huyendo de mi madrastra, como me habría tirado á un pozo; llegué á la vida religiosa enteramente ayuna de amores, sin haber tenido novio, pues los que algo me dijeron no me interesaron nada, ni nunca les hice caso. Entró, pues, en el claustro mi corazón nuevecito, intacto de pasiones, y sin saber lo que era eso. Allí dentro, ya puedes suponer que no amé más que las hierbas. Naturalmente, como tú has dicho, con aquel vivir me marchité... El amar vago, que lo mismo puede fijarse en Dios que en personas de la Naturaleza, se fué secando; la voluntad se me iba tras de las cosas, no tras del hombre... Cuando salí, ya no era tiempo de pensar en melindres, ni me lo permitían los votos que hice y de que no estaré nunca desligada... Otra cosa te diré para que lo comprendas mejor. Yo, que soy bastante despierta, sé desenvolverme muy bien en una reunión de hombres, si tengo que departir con ellos de cualquier asunto; pero delante de un hombre solo, me entra tal cortedad, que no acierto ni á decir Jesús. Me ha sucedido alguna vez encontrarme sola frente á un hombre, el cual con la mayor inocencia y sin asomo de malicia venía para tratar conmigo de un negocio de cerería, ó de hierbas, ó de qué sé yo... ¿Pues sabes lo que me ha pasado? Que al verme sola con él me ha entrado no sé qué desazón... algo de repugnancia primero, de espanto después... y al fin no he tenido más remedio que echar á correr, dejándole con la palabra en la boca... Luego he tenido que mandarle recado, diciéndole que ɔ dispensara, que me había puesto mala... ʃ soy yo. Y de veras te digo que muerte a está una mejor. ¿No crees que es una ndición ser así, y estar asegurada contra

9

lo que, en mis circunstancias, no había de ser bueno?„

Contestó afirmativamente Lucila, añadiendo que no se diera por asegurada tan pronto, pues no era vieja y conservaba lozanía, frescura... Recaída la conversación en Tomín y en las probabilidades de que reanudara pronto su brillante carrera, conquistando los puestos más altos, Domiciana preguntó á su amiga si era valiente el Capitán, de temple duro para la guerra.

"¿Que si es valiente?—dijo Lucila dando á su palabra tonos de entusiasmo.—Por mucho que yo te diga sobre eso no podrás tener idea de la bravura de Tomín y de su fiereza ante cualquier peligro. Cuando se emborracha de valor, no repara en si es uno ó son veinte los enemigos que tiene delante.

—¡Vaya, vaya! Ahora que me acuerdo: me has dicho que es extremeño, de la tierra de Hernán Cortés y Pizarro. Todos los hijos de Extremadura son arrojados y valientes, menos mi padre que no es héroe más que para casarse.

—En Medellín, como ése Cortés, nació mi Bartolomé Gracián. Su padre, caballero noble, tiene allí bastante hacienda, ganados... Su madre, que todavía no es vieja, conserva una hermosura superior. De ella sacó Tomín los ojos azules; de su padre la tez trigueña. El hermano mayor no se separa de los padres, y es el que hoy lleva las labores. Dos hermanitas tiernas siguen á Tomín. A éste, desde muy niño, le llamaba

la milicia; no jugaba más que á soldados, y
él era el que á los otros chicos mandaba, lle-
vándolos á correrías del diablo, asaltos de
peñas, porfías de unos bandos con otros...
Entró en el ejército el año 45, si no estoy
equivocada, y al poco tiempo estuvo en la
guerra de Cataluña contra Tristany y Ca-
brera. Las acciones en que peleó, las heridas que pusieron su cuerpo como una criba,
y las hazañas... porque hazañas fueron...
que hizo él solo, escritas están en alguna
parte, no sé dónde... y pueden dar fe de
ellas el General Concha, el General Pavía, y
un sin fin de brigadieres, coroneles y capi-
tanes. Ya desde la guerra de Cataluña venía
Tolomé, según él mismo me contó, dado á la
política, con la cabeza encendida en esas cosas del Patriotismo y de la Libertad, y no se
mordía la lengua para despotricar contra los
Absolutos, Carlinos, Moderados, y demás
gente que no quiere Constitución, sino Cadenas; en Madrid se hizo amigo de otros que
aborrecían las Cadenas, y todos juntos iban
á unas reuniones escondidas en no sé qué
calle, y hacían allí sus santiguaciones, que
paraban siempre en armar algún enredo
para salir con los soldados gritando *Libertad, Viva esto, Abajo lo otro.* Hubo en Madrid hace dos años ó tres... no me acuerdo
de la fecha... una trifulca muy grande en la
aza Mayor, tropa y pueblo contra tropa.
lomín estaba en un regimiento que tam-
n debió salir sublevado, y no salió porque
echaron encima generales y jefes, y ello

quedó así... Pero á mi hombre le traían ya entre ojos; su fama de liberal y algún mal querer de envidiosos ó soplones le perdieron. Formada sumaria, le mandaron con dos tenientes á las Peñas de San Pedro, que es allá en la Mancha, pueblo con fortaleza, y fortaleza sin pueblo, como dice Tolomé. Mal lo pasaban allí los pobres oficiales deportados; pero Tomín, que es poco sufrido, y uno de los tenientes llamado Castillejo, de la piel del diablo, tramaron una conjura, en la que fueron entrando algunos más, para revolverse contra la guarnición y hacerse dueños de la plaza. Me ha contado él que todo lo hicieron con más arrojo que picardía, y que fué como si dijeran: "morir matando antes que morirnos de tristeza„. La noche que intentaron desarmar á la guarnición fué noche de tronada y rayos en los aires, en la tierra de furor y rabia de los hombres. Muertos y heridos muchos... sangre corriendo... compasión ninguna. Pudo más la guarnición, y Tomín y Castillejo, viendo perdida la batalla, escaparon favorecidos del diluvio que empezó á caer cuando unos y otros, como demonios, se estaban matando... Huyeron armados; con algún dinero que llevaban se procuraron disfraz, caballerías, y por atajos, como Dios quiso, se vinieron á Madrid. Aquí se ocultaron, y escondidos supieron que estaban condenados á muerte por Consejo de Guerra... Pues Señor: vino á parar Tomín á casa de un tratante en leñas, José Perdiguero, amigo de su familia, ca-

lle de Segovia, y para más disimulo de su
escondite, le pusieron su vivienda en el mismo almacén de las leñas, que da á un patio
grande, y en aquel patio vivía yo con mi padre y mi hermano chico...

—Y allí os conocísteis... Vamos, ya llegó
ese momento de la historia, que yo esperaba. Sigue, que ahora entra lo más bonito.

—Bien feo era aquel patio, y más el almacén; pero á mí me pareció lo más bonito del
mundo... te lo digo como lo siento: hablo con
el alma, Domiciana. Bonito fué todo, cuando
ví á Tomín tendido sobre un montón de leña,
y más cuando él me preguntó cómo me llamo... El amo, que tenía que salir al campo,
me mandó que hiciera cena para aquel hombre... "para este caballero„, fué como me
dijo. Hice la cena, y el caballero se negó á
comerla si no cenaba yo con él. Yo dije que
bueno. Me sentí, puedes creérmelo, arrebatada de una compasión que me encendía
toda el alma, y apenas empezamos á cenar,
aquel señor me dijo: "Soy muy desgraciado.„ Obsequioso y fino estuvo conmigo, sin
decirme cosa ninguna que pudiera ofender-
me... Yo le miraba, y cuando él me miraba
á mí, tenía yo que bajar los ojos...

—De veras va siendo muy interesante la
historia. Sigue, y no suprimas nada.

—Dos días pasaron así. Mi padre y mi
ermanillo salían de sol á sol. El caballero
yo hablábamos, él á la otra parte del ri-
ero de leña, yo á la parte de acá. Charla
ue charla, las tardes se me hacían horas,

las horas minutos... Yo estaba como en la
gloria.

—¡Y que no te diría cosas poco tiernas y...

—Me decía... qué sé yo... vamos, lo contaré todo. Me decía que soy muy guapa...
Esto lo había oído yo mil veces; pero nunca
hice caso. Me decía que soy bella, bellísi-
ma... y más, más me decía.

—No lo calles, mujer.

—Que soy hechicera... y otra cosa más bonita...

—Dímela.

—Que tengo un alma más bella que mis
ojos... Por mis ojos me veía él el alma... Yo
también le veía la suya... Por fin me dijo
que le quisiera, que le haría un gran bien
queriéndole... que estaba dejado de la mano
de Dios... Contóme toda su historia: yo
temblaba oyéndole. Luego me dijo que era
para él grave caso de conciencia pedirme mi
amor, y que antes de responder yo á su petición de amor, debía saber una cosa terrible: estaba condenado á muerte. ¿Sería yo
capaz de amar á un condenado á muerte?

—Al pronto, y poniendo por delante un
poco de puntillo, responderías que no.

—¡Ay, Domiciana! Si me hubiera dicho
"soy rico, feliz, poderoso„, le hubiera con-
testado con puntillo diciendo que no, que
veríamos y qué sé yo... Pero diciéndome
"soy condenado á muerte„ le contesté que sí
con el alma, y me fuí hacia él... ¡Ay, Domi
ciana, qué paso!... Llorando me abrazó To
mín, y yo le dije: "Que nos fusilen juntos.,

XV

Dejando correr, en una pausa breve, lágrimas dulces, lágrimas amargas, continuó Lucila su triste historia, que en algunos puntos más le causaba gozo que pena; siguió por terreno á veces llano, á veces escabroso, sin esquivar los pasos al borde del precipicio, incitada por la cerera, que le pedía sinceridad, franqueza gallarda. Contó las querellas que con su padre tuvo por el amor de Tolomín; cómo estas desavenencias la separaron al fin de Ansúrez y del hermano pequeño (el cual en aquellos días entró de aprendiz en el taller de unos boteros de la calle de Segovia, amigos de su padre); cómo unió su suerte á la del Capitán, locamente enamorada y obedeciendo á una fuerza imperiosa, irresistible; cómo fueron obsequiados por *el Ramos*, manolo viejo de ideas revolucionarias, retirado de la patriotería activa y enriquecido en su comercio de maderas viejas; cómo hallándose un día refrescando con *el Ramos* en cierta botillería de la calle de los Abades, se les apareció el Teniente Castillejo emparejado con la viuda de un capitán, y cómo, en fin, los cuatro se fueron á vivir á un piso quinto, en la calle del Azodo, con anchura de local y estrechez grande de recursos. A poco de instalarse les sorendió de madrugada la policía, cuando estaban en el primer sueño, pues nunca se acostaban hasta después de media noche. A tiros y sablazos les atacaron tres hombres. Defendiéronse Tomín y el Teniente con gran coraje; mataron á uno; los otros dos tuvieron que huir en busca de refuerzo. Antes que volvieran, Castillejo y la Capitana se bajaron al segundo piso. Tomín fué más previsor: á pesar de hallarse herido de arma blanca en una pierna, de arma de fuego en un brazo, escapó por la bohardilla al tejado vecino, pudiendo descolgarse de un modo casi milagroso al patio de una posada de la Cava Baja. Lucila en tanto cogió calle más pronto que la vista, corrió á la posada y ayudó á su Tomín á escabullirse por la calle de Segovia abajo; tomaron resuello en un corralón de la Cuesta de Caños Viejos, y allí le vendó como pudo las heridas para contener la sangre. La situación era en extremo apurada. Gracián no podía valerse. Con rápida iniciativa ante el peligro, corrió Lucila en busca de *el Ramos*, única persona de quien podía esperar socorro, y el patriotero jubilado no desmintió en aquel caso su magnánimo corazón, ni su abolengo de sectario constitucional que había vestido el glorioso uniforme de la Milicia Urbana. Al amanecer, en un carro de cueros fué transportado el Capitán á la calle de Rodas. Sin que nadie le viese, fué subido al *nido de murciélagos*, lugar al parecer distante del acecho policiaco, y allí quedó entre los gatos y el cielo, asistido de su fiel amiga, que con su cuidado y ternura le sostuvo el alma para que no cayese en la desesperación, atajó la muerte, aseguró la vida, y restituyó á la sociedad el hombre que ésta había cruelmente repudiado.

"Del valor de Gracián - dijo Domiciana, oída con tanto respeto como admiración la dramática historia, — nadie podrá dudar. Pero si él es bravo, más brava eres tú. Te has portado como mujer heróica, y aunque has pecado, creo yo que Dios te perdonará.„

Lo más que hablaron aquella tarde careció de interés. Partió Lucila con la capa sin terminar, proponiéndose rematarla por la noche en su casa. Fué Domiciana con Ezequiel á San Justo, á la novena de San José, y allí vió á Centurión, que no se acercó, como de costumbre, á cotorrear con ella; tampoco la cerera hizo por él, ni quiso mostrar ganas de conversación. Ezequiel pasó á la sacristía, donde tenía más de un amigo, y solía ayudar al culto, bien endilgándose la sotana como turiferario, bien subiéndose al coro para cantar un poco con voz angélica, desafinadita. Habló un rato la cerera con un clérigo que en San Justo decía misa y confesaba, D. Martín Merino, hombre impasible, de una frialdad estatuaria. A Domiciana le agradaba el tal sacerdote por la sequedad cortante con que expresaba sus pareceres, ya en cosas de religión, ya cuando por incidencia hablaba de política. Le tenía por hombre entero, de arraigadas convicciones, de notoria austeridad en sus costumbres. "¿Viene usted á la novena, D. Martín?—le preguntó.

Y él: "No, señora: yo salgo; he venido á ajustar una cuenta. *Aquí no toco pito* esta noche; me voy á mi casa, donde tengo mucho que hacer.„ Y tomó la puerta. Chocó á Domiciana la escueta familiaridad de la frase *no toco pito;* y como el hombre solía ser tan áspero en cuanto decía, resultaba de un gracejo fúnebre en sus labios secos la expresiva locución... Terminada la novena, volvió la cerera con Ezequiel á su casa; cenaron, y de sobremesa, solos, porque D. Gabino con el último bocado solía coger el sueño y se quedaba cuajadito en un sillón, hablaron del cumplimiento de ciertas comisiones encargadas aquella tarde al bendito mancebo. "Llevé el lío de ropa y los cuatro libros, y todo lo entregué al señor, en su mano—dijo Ezequiel.—Lucila no estaba en casa.

—¿Y el señor qué tal te recibió? ¿Es amable, de buena presencia?

—Tan buena, que se me pareció á Nuestro Señor Jesucristo.

—Eso no puede ser. A Nuestro Señor no puede parecerse ningún mortal, por hermoso que sea.

—Dices bien, y ahora caigo en que más que á Dios se parece al Buen Ladrón. ¿Has visto el Buen Ladrón del Calvario de San Millán... clavado en la Cruz, y guapo él?

—¿El caballero de Lucila tiene barba?

—Sí: una barba corta y bonita... como la del San Martín que parte su capa con el pobre.

—¿Y reparaste en el color de los ojos?

—No reparé el color; pero sí que tiene un mirar que no se parece á ningún mirar de persona.

—¿Qué dices, Ezequiel?

—Digo que ningún mirar de hombre es como el de ese señor.

—¿Serán sus ojos como de oro... como de plata?

—Como de plata y oro en derredor de una esmeralda.

—Luego, son verdes.

—No te puedo decir que sean verdes; pero algo tienen, sí, de piedras preciosas.

—¿Serán... así por el estilo de la piedra que llevaba en su anillo el señor Obispo que ofició en San Justo el día de la Candelaria?

—No, mujer... No hay ojos de persona que sean de ese color que dices...

—Pues entonces, Ezequiel, serán azules... ¿Has visto tú esa piedra que llaman zafiro?

—No... En el talco es donde yo aprendo los colores. El talco azul, si lo pones en cera que no sea muy blanca, se te vuelve verde.

—Y dime otra cosa: cuando le diste á ese señor los libros, ¿qué hizo? ¿se alegró?

—Leyó el forro y no dijo nada. Se levantó y fué á ponerlos en la cómoda.

—¿Notaste si al andar cojeaba? ¿Es airoso, es gallardo?

—Me parece que sí. El juego de piernas, andando, es de militar, ¿sabes?... Cogió de la cómoda cigarros, como cojo yo mi cachucha... sin reparar... y vino á mí ofreciéndome uno. Yo le dije que no fumo. El fumó

echando el humo muy para arriba, muy
para arriba... Luego me preguntó si seguía
yo la carrera eclesiástica... y yo respondí
que eso quiere mi padre... pero que mi hermana, tú, quieres que estudie para abogado... Pues él dijo que es preciso ser militar
ó abogado... y que todo lo demás es vagan-
cia pura... Habías de oirle, Domiciana: que
todo está muy malo, y que tenemos aquí mucha tiranía, mucho obscurantismo y muchí-
sima inquisición... De repente, dejó caer la
mano con que accionaba, dándose tan fuerte
palmetazo en la rodilla, que yo... salté en
mi taburete. Me asusté del golpe y de los
ojos que el caballero puso.

—¿Es hombre de mal genio?

—De genio muy fuerte... ¡Pobre del enemigo que coja por delante, en una guerra, ó
en una revolución!

—¿Crees tú que pega?

—¡Vaya! Creo que pega á todo el mundo
menos á Lucila.

—¿Y quién te asegura que no pega también á Lucila?

—No, eso no... ¡La quiere tanto!—dijo
Ezequiel echando á torrentes de sus ojos la
infantil ingenuidad.

—Por eso, porque la quiere... Los hombres pegan y las mujeres lloran... Eso es el
amor, según dicen...

—Así será en los matrimonios disolutos.

—Y en todos, Ezequiel... y el llorar y el
pegar no quitan para que traigan al mundo
la familia...„

Aquí paró la conversación. Ezequiel tiraba de sus párpados, que el sueño quería cerrarle. Domiciana le mandó que se acostara, pues había que madrugar. Al siguiente día comenzaban las grandes tareas cereras para Semana Santa... Cerrada la tienda y apagadas las luces, la casa no tardó en quedar en silencio, turbado sólo por el áspero roncar de D. Gabino. Domiciana, recogida en su aposento, empezó á desnudarse. En aquella hora inicial del descanso nocturno, en que el silencio y la calma derraman tanta claridad sobre las cosas próximamente transcurridas y sobre las futuras que no están lejanas, la cerera reunía sus ideas dispersas, sintetizaba, expurgaba, desechando lo inútil, y como un hábil general distribuía sus mentales fuerzas para las batallas del siguiente día. Resumiendo sus impresiones de los hechos recientes y adivinando las que muy pronto habría de recibir, echó á rodar estos pensamientos sobre el fino lienzo de sus almohadas: "No habrá mañana poco tumulto en la *casa grande* cuando llegue yo y suelte la bomba... la bomba escrita y la bomba parlada por mi boca, diciendo: "No hay más Patriarca de las Indias que el Sr. D. Tomás Iglesias y Barcones...„ ¡Y luego me hablan á mí de la cuestión de Oriente! ¿Qué tienen que ver la cuestión del Oriente ni la del Occidente con la cuestión Patriarcal?... A Bravo Murillo se le ha metido en la cabeza que Tarancón es grato á la *Madre*, porque así se lo dijeron el Marqués

142 B. PÉREZ GALDÓS

de Miraflores y el mismo Sr. González Romero... Pero éstos son de los que no se enteran de nada, y cuando desean una cosa se forjan la ilusión de que los demás también la quieren... ¡Valiente ganado el de los caballeros políticos!... Andad, andad, hijos, por donde os llevan vuestros pastores, y no salgáis del caminito que se os marca... Duro ha de ser para la Reina decirle á D. Juan: "Mira, Juan, ese nombramiento que traes á favor de Tarancón, te lo guardas y haces de él lo que quieras... No has de ser más que mi madre, y á mi madre tengo que decirle también que se guarde su candidato, el pomposo Sr. Lezo, á quien yo, por mí y ante mí, nombré *Obispo de Farsalia*... Ni has de querer compararte con mi tío D. Francisco de Paula, que me traía puesto en salmuera para Patriarca al Padre Cirilo, y también tiene que guardárselo para mejor ocasión. Patriarca de las Indias será D. Tomás Iglesias y Barcones, y no se hable más del asunto." Esto le dirán, y D. Juan se irá á comer calladito sus chorizos, y á discurrir, para cuando se desocupe del arreglo de la Deuda, la reforma de la Constitución, dejándola en los puros huesos...„

Y ya cogiendo el sueño, apagadas las ideas, dispersas las imágenes, las recogió de la blanca almohada para dormir con ellas: "Y acabada una, se arma otra... la cuestión de la Comisaría General de Cruzada... Esa sí que será gorda... Los Ministros, que siempre están en babia, quieren meter en la Comisaría á ese Nicasio Gallego, que según dicen es poeta... Ya podéis limpiaros, que estáis de huevo... Y parece que los poetas ya le dan la enhorabuena al D. Nicasio... como si lo tuviera en la mano. ¡Pobres majagranzas!... Con estas peripecias no puede una pensar en sus cosas... Mañana tarea de cera. La Semana Santa, con la nueva feligresía, será muy lucida, muy lucida, y... ¡dinero, dinero!... Lindas botas con caña de tafilete verde te voy á comprar... Tomín... ¡Ay! que no me ponga á soñar ahora... Rezo un poquito: "Dios te salve...„

XVI

La nueva morada de Lucila y Tomín era un segundo piso, calle de San Bernabé, lugar ventilado y alegre, con vistas al Manzanares y lejanos horizontes que comprendían la Casa de Campo, pradera de San Isidro y término de los Carabancheles. Para escoger aquella vivienda no se fijó Lucila principalmente en su amena situación ni en los aires salutíferos que la bañaban: aunque todo esto era muy de su agrado, no se determinó á mudarse mientras el tratante en leñas, José Rodríguez, primer amparador de Gracián, y *el Ramos* de la calle de Rodas, no le dieran, con su palabra honrada, garantía de la seguridad que allí tendría el perseguido Capitán. Bajo tal fianza, accedieron ambos á

compartir la casa modesta de un acomodado matrimonio. Era él propietario de tierras
en la Villa del Prado, su patria, pero á la
descansada vida de labrador prefería la in-
quieta de tratante en uvas por Agosto y Septiembre, y en ganado los demás meses del
año. Antolín de Pablo salía cada quincena
para Villaviciosa, Sevilla la Nueva, Villa
del Prado y Cadalso de los Vidrios, y volvía con carneros y terneras para el matadero
de Madrid. Su mujer, Eulogia Ciudad, había sido criada de una Marquesa, que al morir le dejó un legadito: era persona de agrado y habla fina. Privada de sucesión, Eulogia se consolaba en la cría y cuidado de
animales. Sus gatos llamaban la atención
por la brillantez del pelo así como por la
mansedumbre; sus perros sabían llevar y
traer un cesto con recado. La casa se comunicaba por la planta baja con un corralón
donde Eulogia tenía gallinas ponedoras, dos
cabras, un cordero, un gamo, dos galápagos,
un erizo, una jabalina de corta edad, domes-
ticada, dos maricas también en vías de ci-
vilización, y un borriquillo. Representaban
el reino vegetal dos almendros, un saúco y
un albaricoquero, que un año sí y otro no
cargaba enormemente de fruto.

Simpáticos fueron á Lucila y Tomín sus
patronos, y para el Capitán fué una expansión gratísima el permiso que se le dió para
bajar al corral, siempre que quisiese engañar
allí las horas aburridas de su prisión. Cuando á sus quehaceres salía Cigüela, el pri-

sionero cogía un libro, bajaba con ella, y la despedía en el portal diciéndole: "Yo me voy al Paraíso Terrenal, y allí me encontrarás cuando vuelvas.„ Comunmente le encontraba gozoso, distraído, con un perro á cada lado, que se habían constituído en amigos y guardianes, y allí se pasaba las horas muertas, sin leer nada, tratando de entenderse en primitivo lenguaje con las maricas.

Por la noche, en la habitación que ocupaban, la cual era muy espaciosa y alegre, Lucila le daba cuenta de lo que sabía referente al indulto, y él no ocultaba su tristeza por la prolongación de un estado que no era de cautiverio ni de libertad. Aquel auxilio que de persona para él desconocida recibía le llenaba de inquietud. "Yo no quiero agradecer mi libertad más que á tí, Cigüela—le decía,—y los recursos que no vienen de tí me enfadan y me lastiman. Si yo escribiera á mis padres, bien pronto me vendría de Medellín todo lo necesario para vivir. ¿Sabes por qué no les escribo? Por que si escribiera, mi padre vendría sin demora por mí, y su primera providencia sería llevarme consigo y separarme de mi Lucila, de mi ángel tutelar... Eso no será. Contigo siempre... O nos salvamos juntos, ó juntos pereceremos... Pero también te digo que ya me cansa esta vida boba. El Paraíso Terrenal ya da poco sí, y ahora me entretengo en dar vida real as Fábulas de Esopo. Ya he conseguido e se entiendan el galápago y el burro, y e las maricas dejen de soliviantar á las

cabras para impedir á la jabalina que vaya
á pastar con ellas... El gallo es de una pe-
dantería irresistible, y uno de los perros, el
llamado *Moro*, se entiende con el carnero y
el erizo para quitarle al gallo la gallina que
más ama, que es una pintadita, con aires de
manola...„

Opinaba Cigüela que una vez logrado el
indulto, debía tratar Tomín de volver á la
gracia de su familia; no veía tan difícil que
los de Medellín transigiesen con la que había sido compañera y sostén del Capitán en
aquel terrible infortunio. Confiaba ella en
conquistar á los padres con su buena con-
ducta, y terminaba diciendo: "Si tú me quieres, como dices, y tienes mi compañía por
tan necesaria en la felicidad como en la desgracia, no necesitamos ir en busca de tus padres: ellos vendrán á nosotros.„

Esto decía la moza, y á veces lo pensaba;
mas ni su pensamiento ni sus propias palabras optimistas la desviaban de su negra
suspicacia. Una tarde de fines de Marzo, ó
principios de Abril (que la fecha no está bien
determinada en las Historias), hallándose
con Domiciana en San Justo, hubo de apre-
miarla con energía para que obtuviese resolución clara y pronta del dichoso indulto.
Dió respuesta la protectora, como siempre,
reiterando las seguridades de gracia, y encareciendo la prudencia mientras aquélla no
fuese un hecho. Abstuviérase, pues, el Capitán de presentarse en público, lo que no
era en verdad gran sacrificio, toda vez que

tenía buena casa, y disfrutaba del desahogo
de un corral poblado de animalitos. A esto
replicó Lucila que no podía ya sujetar á Tomín, cuyas ansias de libertad le movían á
temerarias imprudencias. Por una puerta
que rara vez se abría, comunicaba el corralón
con los despeñaderos que desde aquellos lugares descienden hasta la Ronda de Segovia.
Contraviniendo las exhortaciones de Eulogia
y Lucila, el Capitán desatrancaba alguna tarde la puerta, y se daba el verde de un paseito
por los andurriales de la Cuesta de la Mona
ó por Gilimón. "Ayer mismo—dijo Lucila
para terminar su referencia,—me dió un horroroso susto. Cree que si Tomín fuese niño
no me habría cansado de pegarle. Pues llego
á casa, entro en el corral, y me dice Eulogia
que el señor Capitán se había ido por la puerta de abajo... Salí como un cohete... ¡Qué
angustia! No puedes figurártelo... Por fin,
¿dónde creerás que le encontré? En un secadero de ropa que hay por aquella parte, no
sé cómo se llama, orilla de la calle de la
Ventosa. Me dijo que se aburre, que siente
una querencia loca de ver gente y de hablar
con todo el mundo... Le cogí por un brazo
y me le llevé á casa. Yo lloraba... Prometió
no volver á escaparse; pero yo no me fío...
Es el valor, Domiciana, el maldito arrojo,
el desprecio del peligro. Lo tiene en la masa
de la sangre, y no puede con él.

—Pues para sujetarle y poner trabas á ese
valor, que no viene á cuento, hay un recurso, Lucila, y es meterle mucho miedo.

—¡Miedo... á él!

—No se trata de ponerle un espantajo como á los gorriones, sino de amenazarle con peligros muy verdaderos. Dile que en estos días anda la policía muy atareada, cazando con bala ó con liga, como puede, pajarracos masónicos y militares sin seso. Sepa el buen Gracián que ya han caído algunos, como él escapados de las Peñas de San Pedro. Ya están en el Depósito de Leganés algunas docenas de estos desgraciados, y cuando caigan los que quedan se formará una linda cuerda para Filipinas, que deje tamañitas á las que mandó en su tiempo el muy *crúo* de Narváez... A su casa no han de ir á buscarle; pero en la calle ¿quién responde...?„

Aterrada, no pudo Lucila ni aun pedir aclaración de tan graves noticias.

"Parece que lo dudas...—añadió la otra. —Para que te convenzas... lo he sabido por el propio cosechero, D. Francisco Chico... ¿No me viste ayer en la tienda hablando con un señor de lucida estatura, patillas de chuleta, viejo él, pero muy tieso, ojos vivos, nariz chafada?... Pues aquél es el jefe de nuestro ejército policiaco y el más listo pachón que ha echado Dios al mundo. Mi padre y él son amigos... A mí me considera... Rara vez llega por la tienda. Ayer vino; subió á casa y vió aquel bargueño antiquísimo que tenemos... porque Chico es un águila para dos cosas: la cacería de criminales y el compravende de cuadros y muebles de mérito.„

Lucila suspiró. En rigor, alegrarse debía de aquellas amistades de los cereros con el temido y famoso Chico, y ellas daban fuerza y lógica á las seguridades de que Tomín no sería cogido en su casa. ¿Pero cómo explicarse que Domiciana no le hubiera en anteriores ocasiones hablado de aquel conocimiento? Las dudas y el recelo, como bandada de siniestras aves, revolotearon en torno suyo, y una sombra nueva se añadió á las que ya entenebrecían su alma.

Salió de la iglesia con intento de ir á su casa; pero acordándose al paso por Puerta Cerrada de que no había visto á su hermano pequeño, Rodriguín, en tantísimos días, tiró por la calle de Segovia en dirección del taller de botería donde el muchacho aprendía el oficio. Mala hierba había pisado aquel día la guapa moza, porque no bien entró en el taller, le salió al encuentro una nueva desdicha en la figura de su señor padre, Jerónimo Ansúrez, el cual le saludó con el tremendo jicarazo, *verbigracia* noticia, de que le habían dejado cesante.

"Hija de mis entrañas—dijo el afligido y gallardo castellano, desentendiéndose de los consuelos que los maestros boteros le daban,—ya ves la mala partida de ese indecente Gobierno de los *honrados*, por mal nombre... Aquí tienes á tu padre, despedido de aquella gloria, donde estaba tan á gusto, que ya no habrá para él lugar que no le parezca infierno; aquí le tienes otra vez en mitad de la calle, con el día y la noche por hacienda y el vagabundear por oficio. Díganme todos si no es esto una marranada, dispensando, y si no nos sobra razón á los españoles para tronar, como tronamos, contra este Gobierno, y el otro y todos, y contra la pastelera alianza del *Trono y el Altar*, contra tanta cancamurria de Libertad y Constitución, y contra la birria asquerosa de Moralidad y Economía, que es pura materia, perdonando... ¿Qué hice yo para que me despidieran? ¿á quién falté, con trescientos y el portero? ¿quién dió queja de mí, si todas las cantatrices y bailadoras, así de plana mayor como de filas, me querían como á las niñas de sus ojos?... Pues ello ha sido por colocar al marido de la pasiega que le está criando el nene al sobrino de un Ministrejo, y busca buscando plaza, han visto la mía, y ¡zás!... Nación maldita, ¿por qué no te arrasaron los moros, por qué no te taló el francés y te descuajó el inglés, y entre todos no te raparon el suelo hasta que no quedara en él simiente de persona viva?„

Esta y otras imprecaciones, desahogo de su furia, fueron oídas con lástima por todos los presentes, con espanto por Lucila, que rondada se sentía de negros presagios. La desdicha del pobre Ansúrez retumbaba en el corazón de su hija como los pasos de un terrible viajero afanado por llegar pronto. Era su infortunio, el dolor de ella, más intenso que el de su padre, dolor inminente, cercano ya...

XVII

Con pena de abandonar su casa y el cuidado de Tomín, consagró Lucila la mañana siguiente á los deberes filiales. El buen Ansúrez necesitaba consuelos, tiernas palabras que le infundieran ánimo y confianza, ideas y razonamientos juiciosos para pescar otro empleo. Hija y padre disertaron, esparciendo ansiosas miradas por todas las políticas aguas que conocían. ¿A qué pescadores podrían arrimarse? Con el Sr. Taja, que había dado á Jerónimo su primer destino, en la portería del *Fiel Contraste y Almotacén*, no había que contar ya. El Sr. Zaragoza, que le había empleado en el Teatro Real, no era ya jefe político ni estaba á la sazón en Madrid, y para llegar al nuevo Gobernador, D. Melchor Ordóñez, no veían ningún camino. ¿A quién volverse, á quién marear y aburrir hasta obtener la credencial, concedida por la fuerza del tedio más que por la piedad? Indicadas y discutidas diferentes personas, el astuto Ansúrez, sabedor de las amistades de Lucila con Domiciana y de las excelentes agarraderas de ésta en Palacio, ó sabe Dios dónde, la diputó por la mejor santa en quien debía poner toda su fe. Conforme Lucila con esta opinión, quedaron en que al siguiente día se verían hija y padre con la cerera para empezar la ruda campaña. En

éstas y otras conversaciones se le fué á Lucila toda la mañana y parte de la tarde, porque cuando impaciente quería despedirse,
su padre la cogía de los brazos y la retenía,
gozoso de verla y escucharla. Rodriguín también tiraba de ella, y los maestros boteros
no se cansaban de admirar su hermosura.
En la botería se aposentaba Ansúrez, y allí
aguardaba la visita diaria de su hija. Prometió ésta no faltar ningún día, y abrazan-
do á su padre le dejó entre sus amigos, ro-
deado de aquellos imponentes pellejos hin-
chados de viento, que tanta semejanza tenían con los hombres públicos de aquel
tiempo... y de otros.

Desalada tomó Lucila el camino de su
casa. Por evitar un largo rodeo y ganar
tiempo, puso á prueba sus pulmones apechugando con la Cuesta de los Ciegos, que
subió de un tirón hasta Yeseros y la Redon-
dilla, y de allí en cuatro brincos se plantó
en la calle de San Bernabé. Llegó á su casa
pensando que Tomín estaría inquietísimo,
poniendo en fábulas tristes á todos sus animales... Como exhalación pasó de la puerta
al corral, donde le salió al encuentro Eulogia con cara de susto, que á Lucila le pareció una máscara, pues nunca había visto tan
alteradas las facciones de su casera. Antes
de que se le preguntara por el Capitán soltó
la buena mujer esta bomba: "No está... no
ha vuelto desde las diez de la mañana.„ El
primer impulso de Lucila fué rebelarse animosa contra el Destino; y sacando de su

alma las primeras fuerzas con que á la lucha se disponía, respondió: "Ya vendrá... le encontraremos... ¡Qué loco es, Dios mío! No vale que una le diga... no vale que se le recomiende... Andará por ahí hecho un tonto, viendo tender ropa...„ Reiterando la noticia en forma desconsoladora, Eulogia dijo que ya habían pasado más de seis horas desde que se perdió de vista; que sobre las doce, alarmada de la tardanza, había mandado á Colás (un chico de la vecina) en su busca, y que Colás volvió á la una diciendo que, recorridos todos los lavaderos, todos los secaderos, las vueltas, recodos y precipicios de la Mona y Descargas, registrada después la Ronda de Segovia de punta á punta, sin omitir taberna, figón, juego de bolos ni herradero, no había encontrado rastro del señor Capitán. Oído esto por Lucila, quedóse la buena mujer paralizada del pensamiento y la voluntad, sin que su mente pudiera hacer otra cosa que medir la longitud de los espacios recorridos inutilmente por Colás. Pronto se rehizo, y apartando con una mano á uno de los perros, con otra á la jabalina, que le estorbaban el paso, más con la actitud que con la palabra dijo que ella le buscaría... Todo era posible menos la desaparición, la pérdida del Capitán, como podría perderse una de las maricas, ó el gamo de pies ligeros.

Salió, pues, en loca marcha, corriendo de un lado á otro, y esparciendo su mirada por aquellos polvorientos espacios... Si en un instante creía ver á Tomín, el instante siguiente traía el frío desengaño. Decidióse á preguntar á diferentes personas que encontraba. Algunas mujeres, sentadas al sol en la cuesta de la Mona, dijeron que le habían visto subir, á mano derecha... otras que bajar, á mano izquierda. En la Ronda de Segovia, repitió Lucila su angustiosa pregunta precedida de señas inequívocas: "un caballero joven, de buena presencia, con zamarreta de paño azul obscuro, botas de caña verde, gorra sin visera...„ Una mujer que llevaba cesta de ropa, declaró por fin haber visto al caballero: viéronle pasar ella y su marido; éste, que le conocía de anteriores encuentros, habíale saludado... Dos horas después, al caer de mediodía, su Fabián, que era medidor en un almacén de granos, le había visto con dos sujetos, uno de los cuales le pareció *guindiya*... No pudo esclarecer su informe la buena mujer, que sólo repetía cláusulas sueltas de su marido, y apreciaciones en que ella no se fijó porque maldito lo que le interesaban. Cuando su Fabián volviese de Carabanchel Alto, á donde había ido por cebada, podría dar mayores explicaciones y noticias...

Rendida y sin aliento volvió á la casa Cigüela, y de tal modo á su espíritu se adhería la esperanza, que al subir pensaba encontrar á Tolomé. "Habrá dado la vuelta grande—se dijo,—subiendo la Cuesta de los Ciegos y entrando por la calle del Rosario, ó de San Bernabé.„ Nuevo desengaño al

ver la cara triste de Eulogia: hasta los perros
decían con su grave quietud que el Capitán
no había dado vuelta grande ni chica... Ya
no pensó Lucila más que en correr en busca de la cerera para comunicarle su mortal
ansiedad. Sin darse cuenta de la distancia
ni del tiempo empleado en recorrerla, fué á
la cerería, donde se le dijo que Domiciana no
había regresado aún, ni regresaría hasta
después de prima noche. No quiso esperarla:
angustiada voló otra vez hacia Gilimón, des-
oyendo la voz de Ezequiel, que con lastime-
ro acento pueril se brindó á ser su acompañante. En el corral, mientras la casera recogía diligente á los animales menores, á otros
daba el pienso y á todos prodigaba su maternal solicitud, vióse Lucila lanzada á senos profundísimos de tristeza, la cual acre-
ció al extender la noche su lenta obscuridad.
Pasado algún tiempo, Eulogia y ella subieron. Cuando entró la moza en el cuarto que
habitaba, toda su entereza cayó de golpe al
ver la ropa de Tomín, su cama, la mesa en
que tenía libros, tabaco, un latiguillo, una
caja de mixtos, papel y obleas, una herradu-
ra que había recogido en la Ronda, como
signo de buena suerte, pues no le faltaban
sus puntos de supersticioso... Ante estos objetos, se desató el dolor de Lucila, sin que
la buena Eulogia con ninguna expresión de
consuelo pudiese calmarla, y cogiendo la
ropa entre sus brazos como habría cogido el
cuerpo mismo del perdido Tolomé, echóse de
bruces sobre la cama, y en las dulces pren-

das vertió todo el torrente de sus lágrimas con silencioso duelo.

Inútiles fueron las instancias de las vecinas para que Cigüela cenara: no cenaría mientras Tolomín no volviese. Eulogia le daba esperanzas que no tenía, y ella las tomaba sin hallar en su pensamiento lugar donde meterlas... Las diez serían cuando llegaron casi juntos Ezequiel y el medidor de granos Fabián, cuya mujer había dado á Lucila informes vagos del caballero desaparecido. Era un hombre de madura edad, grave, bondadoso, y su traza y modos inspiraban confianza. Eulogia le conocía, y Antolín de Pablo le apreciaba. Tan importante fué su declaración desde las primeras palabras, que en ella puso Eulogia todo su oído y Lucila toda su alma. Había visto tres veces al Capitán, la primera solo, en la bajada de la Mona, la segunda al pie del jardín del Infantado con dos hombres, que no eran amigos, porque le hablaban con malos modos... Después le vió con los mismos, ó más bien llevado por ellos, en la vereda que hay entre la huerta de Barrafón y la de las Monjas del Sacramento. "Para mí que le llevaban por atajos, ó como se dice, por sitios de poca gente, hacia las Cambroneras, para de allí pasar el puente de Toledo y conducirle al Depósito de Leganés...„ La angustia no permitió á Lucila formular pregunta relacionada con el temido nombre de Leganés. "¿Y crees tú, Fabián—murmuró Eulogia con escalofrío,—que el Capitán está... allá?

—Como si lo estuviera viendo—replicó el informante.—¿A dónde sino allí podían llevarle aquellos Caifases? No pierdan el tiempo buscándole por acá, y acudan pronto... que pasado mañana sale cuerda. En Carabanchel me lo han dicho los guardias que harán la *conduta.*„

Silencio de muerte siguió á estas palabras.

"Pasado mañana sale cuerda—repitió Fabián con el acento que suele darse á las recomendaciones leales de previsión. Dudas crueles movieron el alma de Lucila, alterando en ella las fases del pesimismo. "¿Y si no está en Leganés?:.. ¿Si le han llevado á otro punto?„... En esto le tocó á Ezequiel expresar su mensaje, el cual era que hallándose Doña Victorina Sarmiento en peligro de muerte, Domiciana no podía separarse de su lado en toda la noche. A las ocho y media se recibió en la cerería el recado de Palacio diciendo que no la esperaran... Diferentes pensamientos, que no habría podido manifestar aunque quisiera, armaron gran alboroto en el cerebro de Lucila, que con las manos en la cabeza expresaba su enloquecedora confusión. Eulogia y Ezequiel la instaron para que comiese alguna cosa, no dejándose vencer de la debilidad en tan angustiosas circunstancias, y al fin la desolada moza probó algo de un guisote que la casera le trajo, y casi á la fuerza pasó para dentro medio vaso de vino. Despidióse Fabián llamado por sus quehaceres. Silenciosa y espantada hallábase Lucila como el que discute consigo mis-

mo dos diferentes especies de muerte, entre
las cuales forzosamente y sin dilación tiene
que elegir una... Su dolorosa perplejidad vino á parar, al fin, á una determinación súbita y rectilínea. Se levantó, fué á coger su pañuelo de manta que pendía de una percha, y
echándoselo por los hombros, dijo: "Me voy
á Leganés. . Algún medio habrá de saber la
verdad... Acompáñame tú, Ezequiel. Si ne-
cesitas licencia de tu padre, vete por ella y
vuelve pronto.„

Respondió el bondadoso chico que la licencia la tenía ya, pues su padre le había
encomendado, al salir de casa, que si Luciita se veía precisada *á dar pasos* á cualquier
hora de la noche, ó toda la noche entera, la
asistiese y custodiase como lo haría el propio
D. Gabino, si en tan honrosa obligación se
viera. No le pareció bien á Eulogia que en
noche obscura y con tan menguada compañía emprendiese una mujer caminata larga
y peligrosa; pero no pudo desviar á Lucila
de aquel propósito, semejante á la veloz derechura de la flecha lanzada. Salieron por el
corral.

XVIII

Ya embocaban á la cabecera del puente de
Toledo cuando un desgarrón de las nubes,
que cubrían casi totalmente el cielo, dejó
ver un cuarto de luna, con desmayada luz

entre cendales, corriendo hacia los bordes grises que habrían de ocultarla de nuevo... "Lucila, mira, mira la luna—dijo Ezequiel creyendo que podría distraer de su pena á la pobre joven, comunicándole su admiración candorosa. Pero ni lunas ni soles podían iluminar la noche obscura que en su alma llevaba la hija de Ansúrez, y siguió en silencio. Marcha sostenida y regular llevaban: con el aire que al paso de los dos imprimió Cigüela en la bajada de Gilimón, se aproximaron á la entrada de Carabanchel Bajo. Pero aquí el potente impulso de ella empezó á flaquear; se detuvo un momento mirando las primeras casas, y preguntó á su acompañante si estaban ya en Leganés.

"¡Ay! no... Esto es Carabanchel Bajo... Si quieres, descansaremos un poquito.

—No... Entre casas y donde haya gente, no nos detengamos—dijo Lucila.—Sigamos, y á la salida nos sentaremos.„

Atravesaron el pueblo, esquivando el encuentro con los escasos grupos de personas que al paso veían, y al salir de nuevo al campo, Lucila hubo de aquietar un poco su marcha. "Nos cansamos sin necesidad—observó Ezequiel,—pues ¿qué adelantas con llegar á Leganés á media noche? Andemos despacio, y si á mi brazo quieres agarrarte hazlo con confianza, que yo no me canso. Por este camino venimos Tomás y yo de paseo algún domingo, y todo este campo me lo sé de memoria.„ Con lento andar llegaron á Carabanchel Alto; acelerando un poco pasaron el pueblo, y al rebasar de las últimas casas, Lucila, sin aliento, echando en un suspiro toda esta frase: "no puedo más, *Zequiel*... aquí me siento„, cayó al pie de un árbol. El cerero acudió á levantarla, cariñoso, diciéndole que un poco más arriba encontrarían mejor y más cómodo asiento, y puesta ella en pie, bien asida la mano del mancebo, siguieron despacio, él sosteniéndola, ella dejándose llevar, hasta que les brindaron descanso unos troncos de negrillo apilados en el suelo y protegidos de una maciza pared en ruínas.

"Estoy muerta de cansancio—dijo la moza despuès de recobrado el aliento.

—Pues tómate el tiempo que quieras para recobrar fuerzas, porque aún hay algunas horitas de aquí al amanecer... Y si te entra sueño y quieres dormir, no tengas miedo á nada; yo velo y estoy al cuidado.

—Mira, *Zequiel*, mira aquella lucecita que allá lejos se ve... por esta parte... por donde te señala mi dedo... ¿Será aquello Leganés?

—Por esa parte cae el pueblo; pero el cuartel está más arriba. Entre el cuartel y el pueblo hay unas casas muy grandes del Duque de Medinaceli donde van á poner Hospital de locos.

—Casa de locos...— dijo Lucila.—Pues que sea grandecita, pues bien de gente hay que la ocupe...„

Dicho esto, permanecieron silenciosos, Ezequiel á la izquierda de su amiga, mirando á las lejanías obscuras donde se divisaban, no ya una sola luz, sino tres ó cuatro formando como una constelación. Requirió Lucila los bordes de su pañuelo de manta para abrigarse, y como expresara su desconsuelo de ver al muchacho sin capa ni ningún abrigo, dijo él: "Yo nunca tengo frío ni calor. No te ocupes de mí y abrígate bien, que tú eres más delicada.„ Así lo hizo Lucila, y á la media hora de estar allí, el abrigo, el descanso, la soledad, rindieron su fatigada naturaleza, llevándola sin sentirlo á una sedación intensísima... Su pena se recogió en el fondo del alma, ahuyentada momentáneamente por la reparación física; la inercia impuso un paréntesis de la vida para seguir viviendo.. Dió dos ó tres cabezadas. "Lucila —le dijo el cerero, inmóvil,—si quieres descansar tu cabeza sobre mi hombro, aquí lo tienes... A mí no me incomodas... descarga tu cabeza y duerme un poquitín„... La moza no respondió... Por instintivo abandono, vencida de un sopor más fuerte que su propósito de estar desvelada, dejó caer la cabeza sobre el hombro del mancebo y quedóse dormida. Desde que sintió el dulce peso, Ezequiel fué un poste, más bien almohadón en figura de persona: respiraba con pausa y ritmo, para que ni el menor movimiento turbase el reposo breve de su infeliz amiga. La inocencia del muchacho despierto no era menos bella que la de la mujer dormida.

El sueño de Lucila, que en realidad fué como una embriaguez de cansancio, duró

apenas un cuarto de hora. Despertó sobre-
saltada, creyéndolo de larga duración. "¡Si
apenas has dormido el espacio de tres credos!
—le dijo Ezequiel.—Duerme más y descansa, que yo velo: yo velo por los dos... y estoy
al cuidado... Como si quieres echarte bien
envueltita en tu pañuelo, y apoyando la cabeza en mis rodillas...

—No, no, *Zequiel...* Yo no tengo sueño.
Fué un momento no más, como si de la
fuerza de mis pesares perdiera el sentido. Se
moriría una si alguna vez, por un ratito, no
se borrara de nuestro pensamiento el mal
que sufrimos, y no se escondiera el dolor...
Zequiel, duerme tú ahora si quieres, que yo
velaré.

—No: rezo y velo yo, que debo estar al cuidado."

Hablando á ratitos, ó entregándose cada
uno por su cuenta á la contemplación del
cielo y de la noche, escapados hacia el infinito exterior para recaer luego en el interno
infinito que cada cual en sí mismo llevaba,
pasaron horas no contadas ni medidas, porque ni ellos tenían reloj, ni campanadas lejanas venían á marcarles los pasos del tiempo. Tampoco sabían leer la hora en los as-
tros, y éstos... malditas ganas tenían aquella
noche de ser leídos.

Engañada por su deseo de acelerar el tiempo, creyó ver Lucila un viso de aurora en el
horizonte, y dispuso continuar la marcha.
"Ya viene el día, *Zequiel...* Sigamos. No nos
será difícil averiguar si está Tomín en el

Depósito. Y si está, tenemos que volver corriendo á Madrid para dar los pasos y ver de sacarle...

—Con alma y vida mirará Domiciana por él—dijo el cerero gozoso, ingenuo.—¡Pues no le quiere poco en gracia de Dios!... Y eso que nunca le ha tratado... Verdad que le conoce como si le hubiera visto mil veces, y sabe cómo tiene los ojos, y lo arrogante que es... Tanto le has hablado tú de Tomín, que sin verle le ha visto. Domiciana es muy buena: á tí te quiere muchísimo, y todo su empeño es proporcionarte un buen matrimonio. Al Capitán le quiere porque le quieres tú. Yo le dije un día que fuese conmigo á ver á Tomín, y ella me dijo, dice: "no voy, porque Lucila es muy celosa y podría metérsele en la cabeza cualquier disparate.„ Yo le contesté que tú no pensabas nada malo de ella, pues harto sabes que es monja, y que no tiene licencia del Padre Eterno para enamorarse de un hombre...„

Lucila, que aún permanecía sentada, pensó que llevaba de compañero á un ángel del Cielo.

"Si quieres—dijo el muchacho,—sigamos nuestro camino. Despacito, podremos llegar, creo yo, cuando esté amaneciendo... Pues Domiciana me dijo eso: "No quiero que Lucila padezca celos por mí... Podría suceder que el Capitán, al verme, fuera conmigo rendido y galante, como corresponde á un caballero. No dejaría de apreciar mi señorío y buena educación, no dejaría de ver que si

no soy hermosa, tampoco espanto por fea...
Los hombres de gusto aprecian mucho, en
nosotras, los modales y el hablar finos... Por
esto quiero estar apartada de Bartolomé...
para que esa pobrecilla Luci no se arreba-
te.„ Esto me dijo, y en ello verás lo mucho
que te estima.

—Sí que lo veo, y lo agradezco de veras—
indicó Lucila poniéndose en marcha.—Tu
hermana, desde que anda en tratos con gente
de Palacio, se compone y acicala. Con su
buen ver, y con la gracia de su conversación, haría conquistas si quisiera.

—Pero no le hables á ella de conquistas
de hombres—dijo Ezequiel ajustando su paso al de Lucila,—que eso no le cuadra, ni
mi hermana es mujer que falte á sus votos
por nada de este mundo. En ella no verás el
coquetismo de otras que se emperifollan al
cuento de gustar á los caballeros. Lo que
hace mi hermana es adecentarse, porque
tiene que andar entre personas de la aristo-
cracia fina... Ella para sí tiene el gusto del
aseo, que ya es como una tema; tanto, que
algunos días no se pueden contar las cubas
que el aguador sube á casa para sus la-
voteos...„

Algo más habló el ángel en el caminar
lento por la carretera polvorosa, y momentos hubo en que molestó grandemente á Lucila el batir de las blancas alas de su compañero: en un tris estuvo que de un mano-
tazo le arrancase las plumas... Callaba la
moza para que él moderase sus expansivas

manifestaciones, y andando, andando, vieron casas, mulos, personas. Como Ezequiel anunció, llegaban al término de su viaje á punto de amanecer. Guió el mancebo hacia un edificio grande y aislado que á derecha mano se parecía, y cerca de él vieron grupos de mujeres que volvían hacia el pueblo. Hallándose á corta distancia del grande edificio, con trazas de convento, oyeron toque de cornetas y tambores. A Lucila le saltó el corazón. Hablaba el Ejército, que para ella era como si Tomín hablase; y estando en esto, parados los dos en espera de algo que determinara sus resoluciones, creyó Cigüela oir su nombre. Volvióse, y entre los bultos de personas que pasaban vió que se destacaba una mujer, toda envuelta en cosa negra como una fantasma. Por segunda vez sonó la voz, agregando otras palabras al nombre: "Lucila, Lucila, ¿no me conoce? Soy Rosenda.„

Ya... Era *la Capitana*, amiga del Teniente Castillejo, compinche de Bartolomé Gracián en políticas trapisondas. Al reconocerla y contestar al saludo, advirtió Lucila que tenía el rostro bañado en lágrimas, y que revelaba en sus facciones y en su fúnebre actitud una gran tribulación.

"Vengo, ya usted supondrá –murmuró Lucila, que al punto se contagió del lagrimeo,—vengo porque... Pasado mañana... digo, mañana, sale la cuerda.

—Hija, no—replicó la Capitana ahogándose:—la cuerda salió ya.

—¿Cuándo?

—Hoy... hará un cuarto de hora. ¡Mala centella para el Gobierno!—exclamó Rosenda, que era en su lenguaje un poquito amanolada.—En los hombres no hay ya vergüenza... Las mujeres tendremos que hacer alguna muy sonada... pasear por las calles en un palo mondongos de Ministros... ¿De veras no cree usted que haya salido la cuerda? Por allí va... ¿Ve usted aquella nube de polvo, como las que se levantan cuando pasa un ganado? Pues allí van...„

Miró Lucila hacia el punto lejano que Rosenda le señalaba, y vió en efecto la columna de polvo, como una cabellera desgreñada en sus extremos. Iluminada por el resplandor de la aurora, que á cada instante era más vivo, la nube blanquecina andaba lentamente. No se veían los hombres conducidos al destierro: se veía sólo una cresta de polvo que en su camino les acompañaba. Lanzó Cigüela un rugido, y antes de que en otra forma expresara su inmenso dolor, Rosenda le dijo: "¿Por qué ha venido usted, si Bartolomé no va en la cuerda?

—¡Que no va! ¿Está usted bien segura?...

—Les he visto á todos uno por uno, anoche y esta madrugada, en el mismísimo Depósito... Infierno lo llamo. Las cosas que he tenido que hacer para que el Comandante me dejara entrar no puedo decirlas ahora... Pues verá usted: militares van seis... Mi pobre Castillejo, Zamorano, Socías... ¿se acuerda usted de Socías? Angulo, el de Provincia-

les de Cuenca, y dos que trajeron ayer de
Guadalajara. Los demás son gente de pluma: van en la cuerda porque llamaron ladrones á los Ministros, ó porque repartieron
papelitos en los cuarteles. Van también dos
extranjeros que parecen *gringos*, y un *fran-
chute*. ¡Ay, qué infame tropelía! ¡Llevar á
hombres cristianos en traílla, como á perros
con rabia para echarlos al agua! ¡Lástima
que todas las mujeres de corazón no nos volviéramos perras rabiosas!... ¡No eran mordidas, Señor, no eran mordidas las que ha-
bíamos de pegar!... ¡Ay, mi Castillejo! ¡Pobrecito de mi alma!„ Decía esto mirando la
cabellera de polvo, que alejándose se achi-
caba ya, y removida del vientecillo de la
mañana desparramaba en el aire sus gue-
dejas.

XIX

"Con lo que dice esta señora—indicó Ezequiel á su amiga, satisfecho,—ya puedes estar tranquila. Demos gracias á Dios. Tomín
no va en la cuerda.„

Sintiendo su alma casi libre del horrendo
peso que había traído consigo desde Madrid,
Cigüela no podía llegar á un estado de completa tranquilidad y menos de alegría. Porque aun descartado el hecho tristísimo de la
deportación de Gracián, el problema seguía
ofreciendo á la pobre mujer aspectos pavo-

rosos. ¿Dónde estaba el hombre? El cúmulo
de probabilidades, todas muy negras, que
esta interrogación ponía frente á Lucila, in-
citándola á escoger la más lógica, eran motivo suficiente para que la paz no reinara en
su alma. De que Tolomín no había ido en la
cuerda se convenció escuchando de nuevo el informe de la Capitana, autorizado por
un Teniente de servicio en el Depósito, hombre compasivo y amable que las acompañó
cuando se retiraban al pueblo... Vió, pues,
Lucila claramente que su afán continuaba
en Madrid, y allí habría de padecerlo hasta
que Dios la curara ó la matara.

Cuando se desvaneció en el horizonte la
nube de polvo, señal de que los presos iban
ya cerca de Jetafe, las dos mujeres, desconso-
ladas por la desaparición de sus hombres,
echaron suspiros, la una en dirección de la
cuerda, la otra hacia los mismos Madriles, y
al punto se percataron de que nada tenían
que hacer en aquel sitio. "Vámonos al pueblo—dijo la Capitana, bostezando de sueño
y hambre;—yo estoy con lo poco que comí
ayer al mediodía., Demostraciones de des-
fallecimiento hizo también Lucila, secunda-
da por Ezequiel; y el Teniente, que en aquel
caso estaba obligado á ser galante, las in-
vitó á matar el gusanillo en una venta próxima. Aceptaron las mujeres, y poco después sus pobres cuerpos se reparaban del
grande ajetreo de la noche, ya que del vivo
dolor no podían sus almas repararse. Durante el desayuno, que el Teniente proveyó

con liberalidad, se desató la Capitana en denuestos contra *el ladronazo de Bravo Murillo*, que quería ser más *crúo* que Narváez... Esto no podía permitirse á un *facha*, á un *Don Levosa*, personaje *de poco acá;* y los de Tropa debían volverse todos contra él, negando el derecho del paisanaje á mandar á los españoles. Cigüela, interrogada después por su amiga, tuvo que relatar el cómo y cuándo de la extraña desaparición de Gracián. El Teniente le conocía desde la campaña de Cataluña, en que sirvieron juntos, y á un tiempo encomiaba su bravura en la guerra y su temeridad en las intentonas políticas.

Repuestas de su quebranto físico, las mujeres hablaron de volverse á Madrid. Rosenda propuso que si no se encontraba calesa, se buscara un carro en que podrían ir tumbadas, como sacos de patatas ó seretas de carbón. Mientras iba Ezequiel á esta diligencia, la curiosa Capitana pidió á Lucila noticias de aquel joven tan modosito y guapín que la acompañaba, y satisfecha su curiosidad, dijo: "¿Con que cerero? Ya pensé yo para entre mí que ese *descosío* tenía que ser de iglesia. Bien pensado está eso de arrimarse á lo eclesiástico, que en estos tiempos no hay otro camino... ¡Ay, bien se lo dije á mi Castillejo! El no me hacía caso... Ocasiones tuvo de ampararse de la clerecía. Yo le abrí camino, por un señor cura, mi amigo, que está en el Vicariato General Castrense; pero Castillejo no quería... Por poco reñimos... Y

ya ve las resultas de ser tan arrimado á la
libertad de religión, de los cultos *ateístas,*
ó como se llame... ¡A Filipinas! ¿Y hasta
cuándo, Señor?... ¿Sabe usted lo que digo?
que maldita sea esta Nación.„

Encontrado el carro, y despedidas del Oficial las tristes mujeres, emprendieron su
regreso á Madrid. "Acuéstense en estas sacas—les dijo Ezequiel,—y duerman tranquilas; que yo velo y estaré al cuidado.„
Tumbáronse á su comodidad; pero sólo en
esto se cumplieron las indicaciones del mancebo, pues él fué quien rendido de la mala
noche, se durmió como un cesto, y ellas, ve-
lando, hablaban de sus cosas. Referidos por
Cigüela ciertos antecedentes de la desaparición de Tomín, dijo con agudeza la Capitana: "Este es un caso, amiga mía, en que yo
tengo que preguntar: *¿quién es ella?* Me da
en la nariz olor de mujerío... Gracián es un
real mozo... Sé por Castillejo que á muchas
enloqueció sólo con mirarlas. En Madrid,
hija, pasan cosas que si se cuentan nadie las
cree... Va usted á oir un sucedido que pasó
en Lorca, mi tierra. Erase un oficial muy
simpático que estaba preso por mor de un
desafío. Entre dos mujeres, que al parecer
no le conocían, la una muy rica, le sacaron
de la cárcel, sobornando á los guardias, y se
le llevaron á un campo lejos, lejos... La rica, que era viuda y fea, apareció al año en
Murcia con un niñito de pecho; poco después
llegó el oficial con el canuto de la absoluta,
y se casaron... Ate usted este cabito y apren-

da... No dude usted que si hay robos de mujeres por hombres, y testigo soy yo, pues mi marido siendo alférez me robó á mí lindamente de la casa de mis padres, como quien coge del árbol una pera ó melocotón; si hay, digo, casos mil de muchachas robadas por varones, casos se han visto, aunque son menos, de caballeros arrebatados por señoras... Indague usted, Lucila, y haga por descubrir la verdad... ¡Ay, si eso á mí me pasara, y supiera yo dónde está la ladrona!... ¡No eran bofetadas, no eran azotes en semejante parte, no eran estrujones hasta quedarme con el moño en la mano, y no era zapateado sobre sus costillas hasta dejarla como una pasa!

—¡Robado por una mujer!... ¡Imposible! —exclamó Lucila, que aunque bregaba en su magín con un pensamiento semejante, no lo tuvo por absurdo hasta que lo oyó expresado por extraña boca. Le sonaron las historias y comentarios de Rosenda á cosa trágica, compuesta para causar lástima y terror á las gentes, como lances de teatro inventados por los poetas... Y le pareció aún más extraño que tales cosas le pasaran á ella, criatura insignificante y pacífica, pues las tragedias eran siempre entre reyes ó personas de elevada alcùrnia... Recordó entonces lo que su padre le refería de los dramas cantados, y de las bellezas grandilocuentes de là ópera... Su inmensa desdicha, con las nuevas formas que tomaba, se le iba volviendo cosa de canto, ó por lo menos de verso, que viene á ser la música parlada.

Nada más, digno de ser contado, ocurrió en
el viaje, que tuvo su fin después de mediodía. Dejólas el vehículo junto á la Puerta de
Toledo, y á pie hicieron su entrada en la Corte, despidiéndose la Capitana en la esquina
de la calle de la Ventosa, para seguir hasta
la Cava de San Miguel, donde moraba una
tía suya... Al entrar la buena moza en su
casa, grande ansiedad, negra con tornasoles
de esperanza, embargaba su espíritu. ¡Estaría bueno que hubiera parecido Tomín, que
le encontrara sano y salvo, creyendo que ella
era la extraviada y no él!... Pero esta ilu
sión tardía, triste como flor de cementerio,
se desvaneció al entrar en el corral y ver la
cara de Eulogia, que no dijo nada lisonjero.
Rápidas preguntas cambiaron una y otra.
"¿Ha ocurrido algo; ha venido alguien?„...
"Nadie ha venido: no sé nada. ¿Dices que no
ha ido en la cuerda?„... "No va en la cuerda.
¿Ha venido alguien?„... "Nadie, mujer...„
  Toda la tarde estuvo Ciguela muy abatida y lacrimosa... Por la noche se salió de
la casa sin que Eulogia la viese, y dejándose llevar de una atracción irresistible bajó
á la Ronda: su memoria, eficaz auxilio de su
locura, le reprodujo la relación que la noche anterior hizo Fabián de los lugares donde había visto á Tolomín, conducido por dos
hombres, y se lanzó por solares y callejuelas
entre tapias, recorriendo ó pensando reco-
rrer los mismos sitios por donde aquél fué,
perdiéndose al fin de toda vista humana.
¡Era una conmemoración, un viacrucis por

estaciones que ignoraba si conducían á la
casa de Pilatos, al Gólgota, ó á otro nefando
lugar, peor que todos los Calvarios... Llegó
á verse entre tapias, que eran guardianas de
árboles raquíticos y de unos caseretones
destartalados, siniestros: en alguno de estos vió luces... Pasó junto á un lavadero;
vió un altozano que más bien parecía montón de escorias, las cuales bajo los pies so-
naban como huesos, y al subirse á él distin-
guió más caseretones de formas absurdas,
más árboles escuetos, y vapores lejanos, como humos de caleras ó resuello de hornos.
En lo más alto de aquel montículo, sintió im-
perioso anhelo de llamar al perdido Capitán,
con la crédula ilusión de que éste le respon-
dería, y soltando toda la voz, se puso á gritar
¡Tolomín!... Entre grito y grito dejaba un
espacio... Aguzaba el oído, creyendo que de
la inmensidad distante vendría un *¿qué?*...
Pero no venía nada... Los pulmones fatiga-
dos y la garganta enronquecida, ya no podían más. Bajó Lucila del montículo, y arri-
mada á una tapia, la voz, no ya vigorosa y
tonante, sino plañidera, con angustioso timbre, dijo "*¡Min!*...„ Recorrió como unas
treinta varas clamando *Min*, en son parecido al balar del cabritillo... cada vez más te-
nue hasta que se extinguió en un *Min* casi
imperceptible, como si á sí misma se lo dijera... Cuando volvió á su casa, cerca de media noche, Eulogia creyó que su pobre huéspeda se había dejado en el paseo la razón.
    Si no volvía loca, enferma sí que estaba: en

la cama hubieron de meterla contra su voluntad, acudiendo á calmar con mantas y botellas de agua caliente el intenso frío precursor
de horrible calentura. Por no ser fácil encontrar médico en la vecindad á tal hora, lla-
móse á un veterinario, habitante en la misma casa, el cual, viendo muy arrebatado el
rostro de Lucila y que de su cabeza echaba
fuego, ordenó una sangría. No creyó prudente Eulogia administrársela. A la mañana siguiente fué un físico de tropa, muy
entendido, y aprobado lo que había hecho
la casera, diagnosticó el caso como grave,
de lenta resolución... En efecto: bien mali-
ta y casi á dos dedos de la muerte estuvo Cigüela, delirando furiosamente por las
noches, y de día como alelada, diciendo
mil desatinos y sin conocer á nadie: en los
ratos de alivio, su entendimiento no daba
de sí más que estas preguntas: "¿Quién ha
venido?... ¿Qué se sabe?... ¿Domiciana...?„
Eulogia le contestaba: "Sí, sí: ha venido la
señora cerera... La primera vez no quiso pasar: no venía más que á enterarse. La segunda vez le dije que estabas sin conocimiento... llegó á esa puerta y miró... No quiso entrar... parecía medrosa, muy medrosa...
Te miraba desde la puerta, y dijo..."Cuidar-
la mucho. Si muere, avísenme„... También
ha venido tu padre... muy triste de verte
enferma, alegre porque ya le han colocado... Está muy agradecido á Doña Domiciana... No bien abrió la boca, la señora se puso la mantilla y salió á la calle en busca del

remedio. Al día siguiente ¡pumba! el destino. Esto es servir con prontitud y equidad.

—Domiciana tiene influencia; digo, se la
prestan. Es una culebra que lleva de aquí
para allá los recados de las águilas... Otra
cosa: ¿en qué oficina está mi padre ahora?

—No le han metido en ninguna cosa del
Gobierno, oficina ni *viceversa* teatro, sino
en una casa particular, y por ello está tu padre más contento. Ha entrado á servir á ese
que regenta toda la policía, el D. Francisco
Chico, que prende criminales y espanta ma-
sones...

—Entonces mi padre estará al cuidado de
las horcas.

—No, que el destino que tiene no es más
que limpiar el polvo á los cuadros, cornu-
copias, urnas y tapices que el D. Francisco
tiene en una gran casa de la Plaza de los
Mostenses... Y por quitar el polvo y cuidar
de aquellos almacenes, le dan á tu padre
ocho reales y casa. Dice que no hay en Madrid destino de más descanso. Si satisfecho
estaba el hombre en el Teatro Real, gozando
de tanta música y baile, ahora salta de gozo
porque come y vive con poco trabajo, entre
tantas cosas lindas y nobles... ¿Qué te parece, mujer, de la colocación de tu padre?„

Lucila no respondió más que con un áspero rechinar de dientes.

XX

Hallándose mejorada, recibió Lucila las
visitas de su hermano y de su padre, el cual
reiteró su contento por el buen acomodo que
tenía en la casa del jefe de los guindillas;
pero no habló nada de Domiciana. Esta pre-
terición de la protectora le pareció á Cigüela
un delicado tributo de Ansúrez al dolor de su
amada hija: Sin duda el *fiero castillano* comprendía ó sabía que las que fueron amigas
hallábanse ya á un lado y otro de un espan-
toso abismo. No quería él meterse á medir
la sombría cavidad, y callaba. Con interés
real ó fingido escuchó después Lucila las
descripciones que hizo su padre de los primores cuya limpieza le estaba encomenda-
da, y tomando pie de esto se procuró perso-
nales informes del Sr. Chico: si en su casa
tenía el mal genio que desplegaba en la persecución de gente mala; si recibía con buenas palabras ó con bufidos á las personas
que iban á verle. Las opiniones de Ansúrez sobre estos particulares eran vagas. Desconocía completamente á su amo en las funciones policiacas. Sólo de pensar que ante
él se veía como delincuente, como sospecho-
so, siquiera como testigo, le entraban tem-
blores y se le descomponía todo el cuerpo.
Terminó recomendando á su querida hija
que no pensara en tal sujeto, *al cuento* de

averiguar por él cosas que valía más dejar
en el estado que tenían, cuidándose menos
de descubrirlas que de olvidarlas. Esto fué,
en substancia, lo que el innato filósofo celtíbero dijo á su amada Lucila.

La Capitana Rosenda, que también á la
guapa moza visitaba muy á menudo, no le
habló nunca con tan filosófico tino como el
viejo castellano. Divagaba locamente en su
charlar, á las veces gracioso. Deportado Castillejo, se había ido á vivir con una tía suya,
en la Cava de San Miguel, señora de circunstancias, que tenía dos loros, una cotorra y
cuatro jilgueros... En la misma casa, piso
principal bajando del cielo, vivía el desesperado cesante D. Mariano Centurión, cuya familia se comunicaba con la de la tía de Rosenda por ser ésta y la *Centuriona* del mismo
pueblo. Los niños bajaban; la señora pajare-
ra subía, y D. Mariano, cuando no tenía con
quién desfogar, le contaba sus desventuras
á la Capitana. Por él supo que la cerera se
empingorotaba cada día más. En coche salía por Madrid, y en coche llegaban *perso-
najas* á platicar con ella. Vestía muy elegante, los morros le habían crecido, y con
ellos y con su entrecejo, cuando iba por la
calle, parecía decir: "quítense, quítense, que
paso yo." Rosenda la había visto salir una
mañana de la Vicaría. Llevaba una falda
con volantes, y tan ahuecada, que no cabía
por la calle de la Pasa. Una manola que tuvo
que meterse en un portal para darle paso, le
dijo con desgarro insolente: "Madama, cuan-

do páran los faldones guárdenos usté la cría„... Y otra vez: "Está tan echada á perder la cerera, que el mejor día la vemos de Ministra. ¿Pero no sabe usted lo que dicen? Pues que ha pedido á Roma dispensa de votos para casarse... Con influencias todo se consigue en la Curia Romana, y ella cuenta con el Embajador Castillo y Ayensa, con el Nuncio de acá, con las *Madres*, los *Padres* y el Rey Marido. Y se saldrá con la suya, que esta gente tiene la Santísima Trinidad en el bolsillo... ¿Qué... usted no lo cree?„ Y el mismo día: "Si le dicen á usted, Lucila, que el desaparecerse Bartolomé es cosa de sus padres, y que éstos, por medio de la policía, le cogieron para llevársele á Medellín y esconderle allá, no haga caso. El padre de Bartolomé, D. Manuel Gracián, no se ha movido de Medellín, y tiene á su hijo por cosa perdida. Lo sé por un sobrino de D. Manuel, tratante en ganado de cerda, con perdón. A Madrid llegó la semana pasada; le conocí cuando estuvimos de guarnición en Don Benito...„ Y al día siguiente: "No esté usted tan alicaída, ni tome estas cosas con demasiada calentura... Ya parecerá el buen mozo cuando menos se piense. Calma, y ojo á la cerera, pues por los pasos de la gallina se ha de llegar á la nidada... Como ésta es luz del sol, el Capitán está en la misma situación que estaba: sólo que ahora el encierro es más riguroso, y no faltarán guardianes y centinelas...

—Rosenda, por los clavos y las espinas de

Nuestro Señor Jesucristo—dijo Lucila ronca de ira,—no me diga usted eso; no me encienda la sangre más de lo que la tengo... Mire que del corazón á la cabeza me suben llamas, y que le pido á Dios que me mate de enfermedad, no de ira. Rosenda, lo que usted dice no tiene sentido...„

Esto dijo y esto pensaba, aunque en el caos de su mente y en el delirio á que la conducía la tremenda desgarradura de su corazón, pensaba también otras cosas, de peregrina originalidad, algunas muy semejantes á lo que había expresado la Capitana. Todo su afán era examinar una tras otra las probables versiones del suceso, y escoger la más lógica después de bien pasadas por el tamiz dialéctico. Dígase en mengua del entender suyo, que á veces designaba por más lógica la más absurda.

Y tres días después, volvía con nuevos datos la tremenda cronista: "¿No le dice á usted nada el que la cerera no parece por aquí, y cumple mandando al avefría de su hermano con un recado y unas pesetillas envueltas en un papel? ¡Tan amigas antes, y ahora no viene á verla! Es el miedo... es la conciencia. Tan valentona para todo, y ahora se asusta de un cordero... Pues conmigo no le valía el esconderse... Bendito sea Dios que soy de caballería, y si el que me la hace huye de mí, ya sé yo ir á buscarlo y ajustarle la cuenta. Mujeres como su amiga son poco para mí, y de esas necesito yo cuatro lo menos para enjuagarme la boca. No es

mal trote el que yo le daría por encima de
todos sus huesos... Le quitaría yo todo el
pelo artificial, y si las muelas son naturales,
pronto tendría que llevarlas postizas... ¡Ay!
me figuro al pobrecito Bartolomé en la esclavitud de esa tarasca... Ya estará el hombre asqueado de aquellos morros como los de
una vaca, y hará cualquier brutalidad por
libertarse... Cogidito le tiene, y bien sujeto,
con la amenaza constante de la espada que
llaman de *Demonocles*, que es la sentencia
del Consejo de Guerra, colgada sobre su cabeza. Porque el indulto será con su cuenta
y razón, y ella lo da ó lo quita según cumpla ó no cumpla el bendito Bartolo... Mucho
se adelantaría si supiéramos dónde ha metido la gavilana el gallito que se llevó entre
sus uñas puercas.

—Pronto lo sabré yo—dijo Lucila con el
aplomo que le daban sus inquebrantables
resoluciones.—Ya estoy buena; Dios me ha
hecho la gran merced de dejarme con vida
después de este horrible padecer... y con la
vida me va dando salud y fuerza, señal de
que no quiere que yo me deje pisotear...
Estos días saldré á la calle, iré á buscar trabajo, pues de algún modo he de vivir...

—¿Trabajo ha dicho, para una mujer pobre y sola? Diga que va en busca de miseria... ¡Afanes, vida de perros! ¿para qué?
¿para un mal comer y para que se rían de
una? Siga usted el consejo de una desengañada, que ha visto lo que dan de sí trabaji-
tos y honradeces de poca lacha. Lo que tiene

usted que hacer es vestirse decentita y bien apañadita, y darse aire por ahí, para que su mérito sea como quien dice público. En los tiempos que corren no le aconsejaré que se vaya por los paseos y sitios mundanos, sino que frecuente dos ó tres iglesias y haga en ellas sus devociones, á la mira de los señores buenos, de asiento y juicio, que no por pertenecer á cofradías y ser buenos rezadores se olvidan del culto de Santa Debilidad... pues el hombre siempre es hombre, aunque peque de beato... Si no tiene usted ropa decente, más claro, si no quiere ponerse la que le dió la cerera, yo le facilitaré cuanto necesite, y aunque soy de más carnes y corpulencia, usted que es buena costurera arreglará mis vestidos á su talle... Aquí me tiene usted á mí, que escarmentada de andar con toquinarios, barricadistas y patrioteros, que cuando no están presos los andan buscando, me voy por las mañanas muy bien arregladita, como viuda consolable, á San Justo ó la Almudena, y por las tardes á las Cuarenta Horas de San Sebastián ó San Ginés, parroquias de feligresía muy buena, superior. De seguro que allí me ven y estiman caballeros viudos respetables, de cincuenta y pico, ó de los sesenta largos, que desean hablar con mujer ya sentada... No le digo á usted más... Piénselo, y escoja sus caminitos. Como la quiero á usted, por cincuenta coros de arcángeles le pido, amiga mía, que no se meta en trabajillos de aguja, quemándose las pestañas por dos reales y medio al día, porque en ese trajín se morirá de hambre, y se perderá con un albañil ó un zapatero, que es la peor perdición que puede salirle.„

No expresó Lucila su conformidad con estas exhortaciones; pero tampoco las rechazó. Aceptado y agradecido el ofrecimiento de ropa, el mismo día le llevó la Capitana no pocas prendas, en cuyo arreglo se puso á trabajar para poder usarlas cuanto antes... Por fin se echó á la calle, y recorrió las que á su parecer frecuentaba Domiciana en su. diario trotar de Palacio á la cerería ó al Convento. No la encontró nunca. Acechando en la calle de Toledo, vió que la exclaustrada llegaba por la noche á su casa en coche de dos caballos. El mismo coche iba en su busca al siguiente día y á variadas horas... Divagando topó Lucila una tarde con Centurión, que puso en su conocimiento pormenores de indudable interés. La señora Sarmiento de Silva estuvo en efecto malísima; algunas noches Domiciana dormía en Palacio; y tanto se había remontado en su orgullo la misteriosa hija de D. Gabino, que era preciso echarle memoriales para poder hablar con ella dos palabras. Ultimamente, apiadada ó aburrida, le había prometido colocarle en la Comisaría de Cruzada, ya que en Palacio no podía ser hasta mejor ocasión... Al despedirse del cesante, tomó Lucila el camino del Rastro, ávida de comprar algunas cosillas que le hacían mucha falta.

Una mañana fresca, luminosa y risueña, en que un sol artista iluminaba los alegres colorines de la calle de Toledo, y sobre la variedad infinita de gamas chillonas derramaba el oro y la plata, acechó Cigüela la cerería, desde la acera de enfrente, ocultándose entre la muchedumbre que sin cesar pasaba. Por una naranjera cuyo espionaje había comprado en días anteriores, supo que Domiciana estaba en casa. Llegó tempranito en carruaje de dos caballos. Sin duda pasó la última noche en la vela y guarda de Doña Victorina. Sabido esto, continuó la moza su vigilancia hasta que vió salir á D. Gabino y perderse calle arriba. Segura de que Ezequiel quedaba al cuidado de la tienda; contando con que Tomás estaría en el taller, entró decidida... "Dichosos los ojos—le dijo Ezequiel, encantado de verla.—Lucila, ¡qué soledad sin tí!„ Fué la moza, en derechura, hacia la puerta que con la escalera comunicaba. El chico la contuvo expresando temor. "Aguarda. Ha dicho Domiciana que no suba nadie.„ Viéndole en actitud de interceptarle el paso, la mano puesta en la llave, Cigüela le desarmó con una frase cariñosa que al mismo recelo habría inspirado confianza. "Tontín, conmigo no va eso. Mi amiga es Domiciana, hoy como siempre. Vengo á pedirle un favor... ¿No sabes que estoy desamparada?„ Vacilaba el mancebo. Para ganarle por entero, Lucila empleó una sonrisa pérfida; le pasó la mano por la cara, diciendo estas palabras de pura miel: "Déjame, rico„.

Cedió *Zequiel*, y en aquel momento alguien que había entrado en la tienda daba golpes en el mostrador. "Vete á despachar, rico...— murmuró Lucila, y bonitamente quitó la llave, la puso por dentro, cerró con cuidado para no hacer ruido... Guardó la llave... con paso de gato se deslizó escalones arriba, diciendo: "No sale; no me ha sentido cerrar la puerta. Está dormida.„

XXI

La cerera, que nunca se acostaba de día aunque hubiera hecho noche toledana, habíase despojado de sus ropas mayores, quedándose en las menores, que reforzó con un *desabillé* holgadísimo en forma de brial, de lana azul guarnecido de seda negra. Quitado el corsé para que los pechos descansaran en libertad, estirándose á su gusto, y sustituído el calzado duro por las blandas chinelas rojas, se acomodó en un sillón de su alcoba. Al poco rato, medio pensando en lo pasado, medio imaginando lo futuro, empezó á descabezar un sueñecillo... En él estaba cuando hirió sus oídos el ligero son rasgado de la cerradura de abajo... se estremeció; abrió los ojos, los volvió á entornar, diciéndose: "Es Ezequiel que cierra... Le mandé que cerrara

Al oído de la señora dormilada no lle¡ ruido de pisadas gatunas en la escalera y p¡ sillo. Más que por efectos de sonido, por efe tos de luz se le sacudió aquel sopor. La menguada claridad solar, como de entresuelo, que alumbraba el gabinete, á la alcoba llegaba tan reducida, que si la interceptaba en la puerta un cuerpo de persona, era casi nula. La obscuridad que proyectó el bulto de Lucila fué para la cerera un brusco despertador que le dijo: "Despabílate, que hay moros por la costa.„

Dudó por un instante la exclaustrada si era realidad ó sueño lo que veía. Conoció á Cigüela, como á un espectro ya familiar; mas como era espectro nada le dijo; no hacía mas que mirarlo, aterrada, esperando que se desvaneciera... que al fin los espectros, después de asustar un poco, acaban por desvanecerse. "¿Duermes, Domiciana?—dijo Lucila avanzando, y la voz de la guapa moza sonó con tan extraña alteración de su timbre ordinario, que la cerera la desconoció. La voz de ésta sonaba también muy á hueco, al decir tras una breve pausa: "Lucila, ¿eres tú?

—Yo soy. ¿Ya no me conoces?—murmuró Lucila con la misma voz de secreteo lúgubre. —¿Creías que me había muerto?„

Ya no hubo duda para Domiciana. Lo que veía no era espectro, sino persona. La realidad de ésta poníala en el duro caso de afrontar la situación para ver de sortearla. No había escape. Era Lucila, en su propio sér, y á juzgar por el tono y por la forma insidiosa de su entrada en la alcoba, seguramente venía de malas. Domiciana tuvo miedo... El miedo mismo le sugirió el empleo de frases de concordia, fingiendo naturalidad: "Mujer, qué cara te vendes... Siéntate... Pensaba ir á verte... Yo muy ocupada, hija.

—Para que no te molestaras he venido yo —dijo aproximándose Lucila. —Necesitaba preguntarte una cosa... una cosa que se te ha olvidado decirme, ya supondrás... Acortemos conversación. Vengo á que me digas dónde está Tomín.„

Había previsto Domiciana la tremenda reclamación de su amiga. Quiso hacer frente al conflicto por medio de fórmulas evasivas, de expresiones conciliadoras, de paliativos mezclados con promesas... El gran talento de la cerera se equivocó por aquella vez. "Ven aquí... hablaremos... ¡Pobrecilla...! Te contaré,—le dijo levantándose, en actitud de llevarla al gabinete. "No, de aquí no sales... aquí hablaremos todo lo que sea preciso,—contestó Lucila deteniéndola con mano vigorosa. En aquel momento, viendo más cerca el inmenso peligro, la cerera evocó su sangre fría para sortearlo, ya que no pudiese acometerlo de frente. "¿Por qué no hemos de salir á la sala? Allí estaremos mejor... Bueno, pues si quieres... aquí... Verás... Me alegro de que hayas venido, porque así...„

Lucila, mirándola frente á frente, y poniéndole la mano en el pecho, le soltó con voz iracunda toda la hiel de su alma: "Mala mujer, dime al momento dónde está Tomín... Quiero saberlo... Vengo á saberlo... No me voy sin saberlo... Y como te niegues á decírmelo, Domiciana... te mato.„

Creyó Domiciana que el *te mato* era un decir, pues arma no veía... "Mujer, no escandalices—le dijo.—No hay para qué tomar las cosas de esa manera. Yo te explicaré... Pero sosiégate... no escandalices.„

Con sólo un ligero impulso de la mano que Lucila le había puesto en el pecho, Domiciana dió un paso atrás y cayó en el sillón. "Si no escandalizo... y aunque escandalizara, aunque tú chillaras, no te valdría. He cerrado con llave la puerta, y no vendrán á defenderte... Porque yo te mato, Domiciana; he venido á matarte... siempre y cuando no me contestes á lo que te pregunto: ¿Dónde está Tomín? Porque tu amiga, la que conociste cordera, es ahora leona. Días hace que toda la sangre se me ha subido á la cabeza... Yo era buena; tú me has hecho mala como los demonios... Al infierno voy; pero tú por delante...

—¡Lucila, por Dios...!

—¡Traidora! Tú me has enseñado la maldad, y como traidora entro también en tu casa... Por mala que yo sea, no seré nunca tan mala como has sido tú conmigo, tú, que me has engañado con limosnas y con palabras de cariño para entontecerme y robarme lo que es mío... lo que nunca será tuyo... vieja ladrona...

—¡Lucila, Lucila...!—exclamó la cerera cruzando las manos, abrumada.

—Me has robado lo que no podías tener más que por el ladronicio... porque soy jo-

ven, soy hermosa, y vale más un cabello
mío que toda la fisonomía de tu rostro sin
gracia, y más sal echo yo de una mirada que
tú de todo tu cuerpo y persona de animal en
celo... Monja salida, hembra sin corazón, boticaria, intriganta, encomiéndate á Dios, si
no me contestas al instante.„

Diciendo esto, de entre los pliegues de un
manto de talle que llevaba cruzado sobre el
pecho, sacó un largo cuchillo de afilada y
espantable punta. Vió Domiciana la hoja que
brillaba como un rayo, vió la vigorosa mano
que empuñaba el mango, y se tuvo por perdida. Encomendó á Dios su alma... Mas en
aquel instante, el poderoso talento de la cerera y el grande esfuerzo de voluntad que
hizo concurrieron á darle una fuerza resis-
tente ante la agresiva fuerza de su rival,
ciega, disparada, fácil de desarmar con una
palabra y un gesto que la hirieran en lo
vivo.

Con un inspirado grito en que puso toda
su alma, detuvo Domiciana el impulso trá-
gico, y fué así: "Lucila, amiga y hermana,
no mates á una inocente. Cálmate, y sabrás... lo que quieres saber del hombre que
te adora.„ La vacilación de Lucila en el momento de oir esto, fué la primera ventaja de
la cerera, débil ventaja, pero que habría de
ser más considerable si aprovecharla sabía.
Para ello necesitaba Domiciana condensar
en un punto toda su voluntad, dirigiéndola
con el soberano talento que le había dado
Dios. Por lo que hasta aquí se conoce de la

vida de esta mujer singular, se habrá comprendido que eran extraordinarias su penetración y astucia. Poseía en alto grado el sentido de las circunstancias, el repentino idear y el rápido resolver ante un conflicto. Si estas cualidades bastaran para gobernar á los pueblos, habría sido Domiciana una gran mujer de Estado... Pues en aquel inminente peligro, la hoja desnuda en la mano de Cigüela, el alma de ésta embravecida, vió que entre la vida y la muerte había menos espacio que el grueso de un cabello, y menos tiempo que la duración de un relámpago. Relámpago fué este razonamiento: "Muerta soy si me achico... Sálveme mi entereza... Sálveme medio minuto de talento mío y de vacilación de ella.„ Prosiguió en alta voz:

"Déjame que hable, y mátame después si quieres. Yo no temo la muerte... Sé morir por la verdad... ¿Qué es eso de matar sin oir? Mis explicaciones han de ser largas.

—Pues abrévialas todo lo posible. ¿Dónde está Tomín?„

Repitió la pregunta con menos fiereza que la primera vez. Otra ventaja pequeñísima de la cerera; pero ventaja... Rápidamente la aprovechó, como perfecto estratégico. "¡Pobre Cigüela! veo que tu amor por Tomín no desmerece del que él te tiene á tí...„ Lucila la miró perpleja sin mover la mano en que el arma tenía. Con genial inspiración, Domiciana hizo un quiebro repentino, caudillo que ordena un movimiento de

sorpresa. "Oye una cosa, y espérate un poquito, si de veras es tu intención matar á tu
amiga, que tanto te ama: ¿Verdad que todo
tu furor es porque han pasado muchos días
sin que yo te viera, sin que yo te llamara...?
Dímelo, confiésalo... ¿Verdad que es por
esto?

—Huías de mí porque yo era tu conciencia, porque me tenías miedo, porque el mi-
rarte había de ser para tí como si Dios te mirara, porque tienes el alma negra, y los malos como tú no quieren que les vean los buenos, los engañados, los burlados. Habla
pronto, respóndeme á lo que te pregunto...
Mira que estoy frenética, mira que no te dejo
hasta que me digas lo que sabes, ó me en-
tregues tu sangre, toda tu sangre.„

Desventaja de Domiciana, y no floja. Vió
el punto culminante del peligro, la muerte,
y acudió con un recurso heróico y de extre-
ma agudeza. Necesitaba para emplearlo de
un valor casi sobrehumano y de un fingimiento de serenidad que era el supremo his-
trionismo. Pero no había más remedio. Se
trataba de no perecer. "Bestia—dijo abrien-
do los brazos y mostrando indefenso su pecho,—si quieres matarme, aquí estoy. Ni sé
ni quiero defenderme... ¿Para qué sirve esta
miserable vida humana? Para ver tanta in-
famia, tanta ingratitud... para que las personas que miramos como hermanas, quieran
asesinarnos...

—Hermana te fingiste, pero no lo eras,—
dijo Cigüela con pérdida de energía.

—Y ahora resulta que soy mala—prosiguió Domiciana con avidez de aumentar la pulgada de terreno que la otra le diera.— ¡Mala yo, que á tí y á Gracián favorecí; mala yo, que á él le he salvado la vida, no tanto por él como por tí, sabiendo que te ama; mala yo, que no miro más que á conseguir que se case contigo…!„

Excedióse un tanto en la maniobra lisonjera, y de este exceso tomó ventaja Lucila, que aunque muy crédula en situación normal, en aquélla tiraba instintivamente á la desconfianza. "Domiciana — dijo apretando el mango del cuchillo, - si crees que ahora jugarás también conmigo, te equivocas… No vengo por dedadas de miel, sino por verdades. Las verdades te las sacaré de la boca, ó te dejaré seca… Soy mala ya… y no perdono.

—Lucila—replicó la otra con rápido pensamiento,—¿cómo he de decirte verdades si no quieres oírme? Para decirte las verdades necesito hablar, referirte muchas cosas. Te juro por lo más sagrado que nunca dejé de quererte, ni de interesarme por tí… ¿No lo crees? Peor para tí y para tu alma. Yo tengo mi conciencia tranquila; no temo la muerte; pero por mucha que sea mi serenidad, ¿cómo quieres que hable y me explique, en cosas tan delicadas, viendo delante de mí un puñal, y oyendo decir *te mato, te mato?* Una cosa es no temer la muerte, y otra es el asco de ver una derramada su propia sangre, y la dentera que dan esos cuchillos, y el ver á

una persona tan querida poniéndose al nivel
bajo de los matachines y rufianes, de la última gentuza del Avapiés... Mujer, si eres
realmente mala, no lo parezcas mientras estés delante de mí.

—Si quieres que yo te crea, explícate pronto—dijo Lucila perdiendo á escape terreno.

—Te da miedo el cuchillo. ¿Pues no me dijiste "mátame„?

—Sí: yo acepto la muerte... Pero mi re-
signación al martirio no me quita la repugnancia de verte como una *chulapona*, como
una maja torera de las más indecentes...„

Comprendiendo con segura perspicacia el
efecto que hacía, apretó de firme en esta forma: "No me espanta el odio, no temo el ex-
travío ni la locura de un enemigo; rechazo,
sí, las malas formas, la grosería, la chaba-
canería, la estupidez bajuna. No puedo acos-
tumbrarme á verte á tí, tan linda, tan señc-
rita de tu natural, convertida en gitana asquerosa, en charrana mondonguera, tan di-
ferente á tí misma... No puedes hacerte
cargo, hija mía, de lo ridícula que estás, y
de lo repulsiva y fea...

—No te cuides tanto de como estoy, y con-
téstame, Domiciana—dijo la guapa moza
apoyando en la cama la mano en que tenía
el cuchillo.—A mí no me importa estar fea
ó bonita, pues sólo quiero ser justiciera.

—¡Justiciera, y empiezas por amenazar
antes de oir!

—Amenazo; pero eso no quiere decir que
no escuche. Si para explicarte con claridad

es estorbo el cuchillo, aquí lo dejo... ya ves...

—Está bien—dijo Domiciana, que sin mirar la mano, vió el arma muy distante de ésta.—¡Si para matarme tienes tiempo! Pero no lo harás, pobrecilla, porque con lo que voy á decirte, quedarás convencida y te avergonzarás de haberme ofendido bárbaramente.

—Domiciana—dijo Lucila sin darse cuenta del progresivo enfriamiento de su furor homicida,—loca entré en tu casa, y tú vas á volverme más loca de lo que vine... Dices bien: tengo tiempo de matarte. Como yo vea que me burlas, de mí no escapas. Te lo juro, por Dios te lo juro, que si hay justicia en el cielo también debe haberla en la tierra. Dejo el cuchillo y te escucho.

—No basta que lo dejes; es menester que arrojes lejos de tí lo que deshonra y mancha tu mano honrada,— dijo Domiciana cogiendo el arma con rápido movimiento, y arrojándola por detrás de la cama, próxima á la pared. Sólo de ésta la separaba el preciso espacio para que el cuchillo, lanzado con ojo certero, cayese al suelo en lugar donde Lucila no podía recobrarlo fácilmente, porque bajo el lecho hacían barricada infranqueable un cofre chato y dos cajas de ingredientes químicos.

XXII·

Desarmada Lucila, Domiciana se vió salvada, y celebró mentalmente su triunfo sin dar á conocer su alegría. Menos cauta la otra y de escaso talento histriónico, dejó ver su desconsuelo por la distancia entre su mano y el arma. "Me ha cortado la acción: ya no me tiene miedo — dijo para sí clavando sus miradas en la cerera. — Pero no le vale... La mataré otro día si me engaña, para que no engañe á nadie más."

Recobró Domiciana el timbre neto de su voz, de la cual solía decir Centurión: "Es dulce y dura como el azúcar piedra." Con dureza dulce, dijo la exclaustrada: "Amiga querida, debiera yo ser un poco severa contigo, pues lo que has hecho, en verdad que nó te recomienda; pero te quiero tanto, que sin sentirlo me voy al perdón... Ahora sabrás, ahora te contaré... verás quién es y cómo se porta esta tu amiga, esta mala mujer, á quien querías matar..." Dejó el sillón con ademán de vencer la pereza, y cogiendo del brazo á Lucila le dijo: "¿No te aburres de esta obscuridad?"... La guapa moza, sacudiéndose el brazo, siguió detrás de Domiciana, que al pasar al gabinete ampliaba la frase: "I·obscuridad me entristece, y tú más... c(tus tonterías. Ven acá. Sentémonos aquí, despéjense nuestras cabezas..."

Los pocos pasos que había entre alcoba y gabinete llevaron á Domiciana desde el mundo del miedo al de la seguridad. La luz benéfica, el ruido de la calle, la confortaron, como conforta la realidad después de oprimente pesadilla. La idea del tremendo peligro pasado aún estremecía sus carnes; el recuerdo de cómo lo conjuró con un prodigioso rasgo de inteligencia la colmaba de vanagloria. "¡Qué lista soy!—se dijo.—He sabido engañar á la misma muerte, que ya me tenía cogida. Con la argolla al cuello, he convencido al verdugo... para que se estuviera quieto y no apretara... Si esto no es talento, que venga Dios y lo vea.„

Al pasar de la penumbra del dormitorio á la luz del gabinete, tuvo Lucila clara conciencia de que Domiciana, con heróica maña más potente que la fuerza heróica, se había hecho dueña del campo de combate. Mas no por esto se acobardó la moza, que firme en su plan justiciero esperaba llevarlo adelante de una manera ó de otra. ¿Y por qué había de ser la muerte el mejor instrumento de justicia? ¿No había instrumentos más eficaces que realizaran el fin de justicia sin manchar la mano del juez? Pensando en esto y antes que la exclaustrada rompiera el silencio, le dijo: "Si has tenido arte para desarmarme, no creas que te libras de mí. Por lo ocurrido en tu alcoba se ve bien claro que no ᴐy mala, que me doy á razones, y que si ntré á matarte fué por arrebato y furia de enganza... cosa natural... Una es mujer, es

una joven... tiene corazón, sangre... Bueno:
pues te digo con toda franqueza que si motivos tengo muchos para odiarte, también te
debo gratitud, no por los socorros de aquellos días, que eran traicioneros como el beso
de Judas, sino por lo de hoy... Tú, por tu
defensa, me has quitado de la cabeza el matarte, que habría sido grande atrocidad, un
bien para tí porque te ibas al descanso, al
Purgatorio quizás, puede que al Cielo, y mal
para mí, que ya estaba perdida, y la cárcel,
quizás el palo, no había quien me lo quitara...„

Con lástima la miraba ya la cerera. "¡Cui-
tadilla!—dijo para sí.—Ya no tiene más
arma que estas teologías que ni pinchan ni
cortan. Se deja coger como una pobre pul-
ga, y si quiero la estrujo entre mis dedos.

Lucila prosiguió así: "Domiciana, más
baja te veo despreciada que muerta.

—Y yo te digo que lo mismo te quiero
alucinada que con sentido,—dijo la otra tras-
teándola con suprema habilidad.

—Pues si me devuelves el sentido, si con
las razones y explicaciones que vas á darme
me convences de que eres buena y de que
yo no he sabido comprenderte, la que quiso
matarte te pedirá perdón... será capaz... si
fuese menester... de dar la vida por tí...„

Y Domiciana, mirándola y moviendo la
cabeza con acento de maternal tolerancia,
se regaló á sí misma este mudo juicio acerca
de su rival: "De esta simple haré yo lo que
quiera. Alma de Dios, corazón inocente, toro

que obedece al trapo... tú sola te amansas, tú sola te entregas... Consérveme Dios la inteligencia para con ella merendarme á estos corazones arrebatados...„ Y luego en alta voz: "Lucila, hermana mía, yo no te ofendí; yo no soy responsable de que se desapareciera Tomín. Sobre el poder que yo tenía y tengo, se levantó cuando menos lo pensábamos, un poder superior... Siéntate, ten calma; no te impacientes. Yo, de algunos días acá, estoy mal del pecho... no sé qué me pasa... Tengo que tomar aliento á cada cuatro sílabas... y si hablo mucho rato sin parar, me quedo como ahogada...„

Estas últimas indicaciones no tenían más objeto que ganar tiempo. Después del gran esfuerzo intelectual para esquivar el inmenso riesgo de morir asesinada, la cerera necesitaba de un colosal derroche de inteligencia para levantar el artificio de figurados hechos ante el cual se desplomaran los agravios de Lucila; érale preciso construir una historia y presentarla luego con tal riqueza de lógicos razonamientos y tal encanto narrativo, que á la misma verdad imitase y á la misma incredulidad convenciese. Esto, ni aun para tan hábil maestra del pensamiento y de la palabra era cosa fácil: necesitaba serenidad, algo de reflexión de filósofo, algo de inspiración de artista, y para estos algos hacían falta los del tiempo... Favorecida por el Cielo aquel día, cuando acabó de decir que la fatigaba el mucho hablar llamaron á la puerta de abajo. Esto fué muy de su gus-

to; contaba ya con que alguien de la familia
echase de ver que la puerta estaba cerrada
por dentro, y llamara con alarma impaciente. Así fué: arreciaron los golpes. Domiciana dijo: "Mira en qué ocasión vienen á inte-
rrumpirnos. Ahora caigo en que cerraste la
puerta. Más vale que abras, pues si no, se
asustarán, y con razón. Creerán lo que no
es, y... hasta puede suceder que echen abajo
la puerta.„ Vaciló Cigüela. ¿Pero qué hacer
podía la infeliz más que abrir? Á merced
estaba de su enemiga.

Entraron y subieron D. Gabino y Ezequiel,
inquietos, y anticipándose á sus manifestaciones, Domiciana les dijo: "Mandé á esta
que cerrara porque teníamos que hablar, y
me sabía muy mal que nos interrumpieran.
¿Quién ha venido?

—Ha estado el amigo Centurión—dijo el
cerero recobrando su tranquilidad,—pero se
ha cansado de esperar...

—Y ahí tienes el coche; viene á buscar-
te,—anunció el mancebo, que dirigía las lo-
cuciones á su hermana y las miradas á la
hija de Ansúrez.

—Tengo que vestirme. Lucila, ¿has visto
qué vida llevo? Apenas descanso un ratito,
¡hala otra vez!

—Si comes tú en Palacio—dijo D. Gabino
acaramelando la mirada,—Luci comerá con
nosotros.

—Quería yo llevarla conmigo. Pero si ella
prefiere quedarse... ¿Verdad que está Cigüela más guapa?

—En la guapeza de esta joven no cabe más ni menos. Es como la bondad de Dios— declaró D. Gabino, reblandeciendo la expresión de sus ojos, que eran manantiales de ternura, y alargando la boca, húmeda como el hocico de un becerro.—Si Cigüelita come con nosotros, traeremos dos platos de casa de Botín, y de la pastelería huevos moles ó huevo hilado, lo que á ella más le guste.„

Encandilado, moviendo los brazos en forma de un batir de alas de ángel, Ezequiel aprobaba con mudo entusiasmo.

"Mucho se lo agradezco, Sr. D. Gabino— dijo Lucila;—pero... Otro día comeré con ustedes. Hoy no puede ser. ¿Verdad, Domiciana?

—Hija mía—dijo la cerera con admirable afectación de cariño,—tú dispones lo que gustes. Has reconocido hace poco que soy para tí como una hermana, como una madre... Después que hablemos otro ratito, quédate á comer. Estás en tu casa.„

Oyendo esto, no sabía Cigüela si admirarla por su ingenio, ó tronar indignada contra tan cruel ironía. Pensó que sería justicia y además un desahogo muy placentero, arrancarle el moño y chafarle los morros de una ó más bofetadas. En un tris estuvo que lo intentara. Midió la acción y vió que cabía perfectamente dentro de sus facultades, pues le bastaban las manos para despachar á la cerera, reservando las extremidades inferiores para D. Gabino, á quien tiraría al suelo de una patada. A Ezequiel le derribaría sólo con el aire que hiciera en toda esta función. Mas para esto siempre había tiempo. Convenía esperar...

En aquel punto entró la asistenta que á la familia servía, mujer de gran talla, bigotuda, con todo el aire de un cabo de gastadores, y después de un breve saludo al ama, llevando consigo el cesto de la compra ya repleto, se fué á la cocina. Creyérase que Domiciana, viéndose asegurada por aquella guardia formidable, recobraba en absoluto su tranquilidad. Despidió á su padre y hermano, encargándoles que á nadie dejaran subir, y sintiéndose bien custodiada y defendida, pues el son del almirez le sonaba como los tambores de un ejército próximo, dedicóse á su vestimenta con todo sosiego. Quedó la otra en el gabinete, mientras la cerera trasteaba en la alcoba, donde lo primero que hizo fué sacar el puñal del abismo en que había caído y esconderlo en lugar seguro. Lucila la vió salir risueña apretándose el corsé, y sin decir nada la ayudó en aquella operación. En este tiempo, pudo la exclaustrada levantar en su fecundo caletre el andamiaje de la soberbia historia que tenía que construir, y apenas encaró con su enemiga, echó en esta forma los que á su parecer eran sólidos cimientos:

"Tomín fué apresado por la policía y encerrado en Santo Tomás. Yo lo supe un día después... ya puedes figurarte mi disgusto... Naturalmente, acudí al instante. No me permitieron verle.

—¡Domiciana, por la salvación de tu alma —exclamó Lucila con solemne acento,—por las promesas de Nuestro Señor Jesucristo, en quien tú y yo creemos y esperamos, aunque seamos pecadoras, dime la verdad! ¿De veras no has visto á Tomín? Júramelo, júrame que no le has visto...

—Aguárdate, tonta, y no precipites mi relación. He dicho que no le ví en aquel momento; luego sí... Ten paciencia. Decía yo que acudí á salvarle. No conté contigo porque estabas enferma. ¿A qué aumentar tu desazón, tu desconsuelo?... Habría sido matarte... Pasaron dos días en mortal ansiedad. Supimos que se trataba de aplicar al pobre Capitán la pena terrible... ¿sabes? la sentencia del Consejo de Guerra. Tres señoras, tres, éramos á pedir misericordia por él. Doña Victorina y yo... y la de Socobio, que se nos agregó el segundo día... Eufrasia, hoy Marquesa de Villares de Tajo: no la conocerás por este nombre.

—La Socobio—dijo prontamente Lucila, —conspiró hace dos años por los del *Relámpago*.

—Pues ahora conspira por Narváez; es el más firme apoyo del *Espadón* en la Camarilla de la Reina... Sigo contándote. Al tercer día, después de haber hablado con O'Donnell, que nos dió seguridades de que no sería fusilado el Capitán, fuí á ver á éste... Doña Victorina no podía ir; fuí yo sola.

—¡Y le viste...!

—Le ví... y entre paréntesis, como me

habías ponderado tanto su hermosura, y creía yo encontrarme con un Adonis, ó con el dios Apolo, la verdad, no ví en él nada de particular... un hombre como otro cualquiera. Entré... Con él estaba la Socobio, que sin darme tiempo á exponer lo que me había dicho O'Donnell, saltó y dijo: "Ya no tiene usted que ocuparse de nada. Yo lo arreglo todo... Es cosa mía...

—¿Y Tomín?

— En el corto rato que allí estuve, no habló más que de tí... En pocas palabras me dió las gracias por los favores que os hice, y luego: ¿qué es de Lucila, qué hace Lucila... está buena Lucila?... y vuelta con Lucila. Bien echaba por los ojos el amor que te tiene.

—¿Y después...?

—Volví al siguiente día... Dijéronme que el Capitán estaba libre... Había ido por él la Socobio, y se le había llevado en su coche... ¿A dónde? Esta es la hora que no he podido saberlo.„

XXIII

La historia contada por Domiciana con acento tan firme que parecía el de la propia Clío, produjo en el cerebro de Lucila efectos muy extraños, pues si tales hechos encontraban en él como una nube de incredulidad sistemática que los empañaba y obscurecía, de los mismos hechos brotaban rayos de ve-

rosimilitud que esclarecían lentamente los
espacios de aquella nube. ¿Era mentira que
parecía verdad, ó una de esas verdades que
se adornan con las galas del arte de la mentira verosímil?

—¿Y por qué—preguntó Lucila con viveza ruda,—por qué al saber que Tomín estaba libre, no fuiste á decírmelo?

—Porque me aterraba el tener que darte
una mala noticia— dijo Domiciana parando
el golpe con gran destreza.—Lo era la de
aquella libertad, que tuve por una nueva esclavitud. Decirte que Tomín estaba en poder
de la Socobio era como decirte: "despídete
de él por mucho tiempo.

—Por algún tiempo, quieres decir.

—Claro: terminado el secuestro, Tomín
volverá á ser tuyo.

—¿Has dicho que esa Eufrasia conspira
por Narváez?

—Por Narváez y Sartorius. El Gobierno
la teme; mas no puede nada con ella, porque
se ha hecho uña y carne de la Reina, y es su
confidente y amiga. Se trata de combatir
y anular esta influencia, expulsando para
siempre de la Cámara Real á la Socobio; en
ello trabaja la persona que más influye en el
ánimo de Isabel... ya puedes figurarte de
quién hablo...

—¿Y qué importa que la Socobio sea ó
deje de ser amiga de la Reina?

—Esas amistades torcerán más el arboli-
to, que bastante torcido está ya.

—No será la Eufrasia peor que otras, peor

que tú. Dijo la sartén al cazo... Palaciegas
de este bando y del otro, damas santurronas,
damas casquivanas, monjas aseñoradas, y
señoras afrailadas, todas son unas, y todas
tuercen el árbol, porque torciéndolo, se suben á él para coger fruta... ¡Valiente ganado
estáis!... Pero en fin, dejando eso, que no
me importa, ¿sostienes lo que has dicho?..
que la Socobio hizo escamoteo y se llevó á
Tomín...? ¿No temes que yo hable con esa
señora, y que ella me diga que la escamo-
teadora has sido tú?

—Si hablas con ella, no te dirá una palabra, y te mandará á paseo. Es gran diplo-
mática. ¿Crees que una persona tan lista se
franquea con el primero que llega? ¿Quieres
probarlo? Nada más fácil: en Aranjuez la
encontrarás. Ya sabes que allá se ha ido la
Corte hace tres días. Ahora tienes ferrocarril. Por catorce reales puedes ir en segunda... Dos horas menos minutos.

—¿Y cómo es que estando la Corte de jor-
nada, aquí se queda Doña Victorina, y tú
con ella?

—Porque Doña Victorina sigue mal de
salud, y no le convienen las humedades del
Real Sitio... Y hay otra razón: mi amiga y
yo somos un cuerpo de ejército destinado á
ocupar esta plaza y á vigilar en ella los
movimientos del enemigo. Tememos... para
que veas si te confío cosas delicadas... tememos que los narvaístas nos ganen el corazón de la Madre... Lucila, ya sabes que
estos secretos quedan entre nosotras.

—Si el poder de la *Madre* es tan grande, porque con su misticismo y sus llaguitas hace creer que es enviada del Cielo, ¿qué teméis de una disoluta como la Socobio que ni tiene llagas, ni habla con el Espíritu Santo?

—Se la teme porque es otra especie de santa, ó por lo menos sacerdotisa de un santo que no está en el Almanaque, de un santo que siempre tuvo, tiene y tendrá tantos devotos como personas hay en el mundo...

—El Amor. ¡A quién se lo cuentas!

—Y dentro de ese culto infame, gentil, la Socobio es al modo de gran teóloga ó *Santo Padre*, al modo de profetisa, definidora y taumaturga... y también tiene sus llagas ó cosa parecida para imponer veneración... Se entiende con el dios de esta baja idolatría, y trae recados de él para las criaturas...

— Domiciana—dijo Lucila gozosa de ver á su amiga en aquel terreno,—confiésame la verdad y todo te lo perdono. Confiésame que tú también eres un poco, ó un mucho, sacerdotisa de ese dios de los gentiles, que tú también á la calladita adoras al ídolo.. porque eres mujer...

—Yo no. Ya sabes que no siento en mí esa devoción—dijo la exclaustrada metiéndose en su concha.—Yo abomino de tales dioses gentílicos... He hablado de ello por explicarte la influencia de la Socobio sobre una mujer joven, linda, y por poderosa caprichosa, y por buena fácil á la maldad... O hemos de poder poco, ó apartaremos á Eufrasia del Trono...

—Del Trono y el Altar: dilo como lo decís en los papeles públicos... Déjate de hipocresías, y ya que hablas de eso, habla con claridad. Tú·y tu bando no miráis á que nuestra Reina sea buena, sino á que seáis vosotras las únicas que le suministren sus diversiones. Así la tenéis más cogida. Entre visiones celestiales por un lado y terrenales por otro, no se os puede escapar.

—Hija, no hables así de nosotras, que tiramos siempre á la virtud y la honradez... Pero equivocándote, lo que has dicho revela talento.

—Esto que llamas talento, no lo es, Domiciana. Lo que yo sé, el corazón me lo enseña... Pues te digo que me alegraré mucho de que con toda vuestra virtud seáis derrotadas por la Socobio, por esa gentil, por esa idólatra...

—¡Ah! no creas que estamos tranquilas—dijo Domiciana, tirando siempre á ganarse la voluntad de Lucila y á desarmarla con las confidencias verdaderas ó falsas.—Esa maldita manchega es de la piel del diablo. Hace meses, y cuando más descuidados estábamos, nos dió una paliza tremenda... Llamamos paliza á la derrota que sufrimos en un asunto que creímos de los de clavo pasado; tan fácil nos parecía resolverlo á gusto de la *Madre*. Pues verás: Vacó la Comisaría General de Cruzada, que es plaza muy lucida, enorme golosina de clérigos; el Gobierno quería meter al poeta D. Juan Nicasio; la *Madre* hipaba por el Padre Batanero,

que á sus muchos títulos unía el de haber
sido carlistón. Los moderados presentaron
á D. Manuel López Santaella, arcediano de
Cuenca. De nada nos valió el tocar con tiempo todas las teclas, porque esa perra se nos
anticipó á mover los títeres de Roma, donde
su marido tiene relaciones y gran amaño por
el negocio de *Preces;* y nada... que nos ganó
la partida, y quedaron satisfechos Narváez
y Sartorius, y nosotras burladas... Para que
la *Madre* no chillara, le dieron dedada de
miel presentando al Capuchino Fray Fermín
de Alcaraz, el diablo de marras, para la mitra de Cuenca... Ahí tienes un triunfo del
sacerdocio gentil sobre este otro sacerdocio
de ley. Eufrasia se quedó riendo, y Santaella pescó la Comisaría. ¿Tienes noticia del
famoso pasquín? Por cierto que cavilando en
quién podría ser autor de aquella chuscada,
dí en sospechar de Centurión, y tanto hice
y tanto le estreché que al fin me confesó que
él puso al pie de la estatua de Isabel, en la
plaza del mismo nombre. el letrerito de que
tanto se habló en Madrid: *Ni Santo él, ni
Santa ella.*

A este punto, ya Domiciana estaba vestida. Pero no quería partir sin ver á su cara
enemiga en completo desarme físico y moral.
Sus confidencias eran el plateado que á las
píldoras ponía para que no amargasen, y en
las píldoras se mezclaban substancia de verdad y la mentirosa substancia fina que usan
los diplomáticos en las relaciones interna-
cionales. Verídico era mucho de lo que dijo

referente á Eufrasia, y sobre el sólido fundamento de estos hechos, asentó con gran maestría el artificio del rapto del Capitán por la Socobio. Quedóse Lucila meditabunda, arrastrando sus miradas por el suelo y por las rayas de la estera frente á la silla baja en que se sentaba. Interrogada por la cerera sobre la causa de tan hondo meditar, dijo la guapa moza: "Me estoy devanando los sesos para recordar qué persona conozco yo, ó debo conocer, que es muy íntima de esa señora Doña Eufrasia. Fué mi padre, cuando andábamos locos en busca del empleo, quien me nombró á tal persona, y dijo: "no hay aldaba como esa, si se acordara de nosotros y quisiera servirnos...„

—¿Persona de la intimidad de...? No puede ser otra que el Marqués de Beramendi.

—Ese... ese mismo señor. Yo le conocí en Atienza, cuando todavía no era Marqués... A mi padre encontró un día en la calle, en Madrid, no sé cuándo, meses há, y le preguntó por mí. Yo... si le veo, no le conozco, no me acuerdo...

—Pues si has pensado que ese señor podría servirte para entrar en amistad con Eufrasia, no sabes lo que te pescas. No es hoy íntimo de ella: lo fué... Hace tiempo le atacaron unas melancolías que parecían principio de locura. Su mujer tomó la resolución de sacarle de Madrid, y á Italia se fueron él y ella con el niño que tienen. Sé todo esto por los suegros de Beramendi, los señores de Emparán, que á menudo visitan á Doña Victorina... Pues en Italia se estuvieron todo el año pasado, y largos meses de éste. No hace mucho que han vuelto, y no sé que el Marquesito haya pegado otra vez la hebra con la Socobio... Dices que tu padre le encontró y habló con él... Fué sin duda antes del viaje á Italia, si no fué el mes pasado.

—No, no: debió de ser antes del viaje... Por lo que mi padre me dijo, el nombre de ese caballero se relaciona en mi cabeza con el de Doña Eufrasia, que hoy es Marquesa.

—De Villares de Tajo... Si dudas de mí, vete á ver á esa señora. Puede que se confiese contigo; yo lo dudo mucho... pero quién sabe. Esa lagarta no entrega sus secretos al primero que llega.

—Naturalmente—dijo Lucila, que en aquel instante recobró todo su candor,—si sabe que Tomín me quiere, y tiene que saberlo, porque él mismo se lo habrá dicho, me recibirá con una piedra en cada mano.„

Aprovechando aquel estado de inocencia, soltó Domiciana la mentira final, la que había de ser cúspide y remate del gallardo artificio que había levantado. No creyó prudente emplear la última pieza de su grande obra hasta que llegase el oportuno momento. Este llegó. Dijo la señora: "Para concluir, Lucila, para que te convenzas de que debes dar por concluso ese negocio, sabrás que la Socobio no ha hecho lo que ha hecho por dorar al Capitán en sus propios altares, ino que lo ha llevado como en holocausto, íjate bien, á otro altar de más altura, donde

14

oficia el Supremo Sacerdocio de esos dioses
gentílicos... ¿No lo entiendes? ¿Quieres que
te lo diga más claro?

—Sí lo entiendo. Mas para que yo crea
eso, que parece cuento de brujas, dime dónde está Tomín, dónde le tienen guardado
para esos holocaustos malditos...

—¡Vete á saber...!—rezongó la cerera un
tanto desconcertada.—Guardado lo tendrán
como lo tuviste tú.

—Según eso, sigue condenado á muerte.

—Claro. Boba, el indulto vendrá después,
cuando ya la devoción gentil se acabe por
cansancio, ó por cualquier motivo, y entonces le verás restituído·á su jerarquía, Comandante, pronto Coronel... y caminito de
General. Hay casos, Lucila... ¿Pero aún
dudas?

—Sí, siempre dudo... pero no te negaré
que lo tengo por posible. Mi padre, hombre
de pueblo, sin instrucción, que piensa muy
al derecho y tiene un talento natural que ya
lo quisieran más de cuatro, me ha dicho muchas veces: "No hay cosa por desatinada que
sea, que no pueda ser verdad en este país,
mayormente si es cosa contra la justicia y
contra la paz de los hombres... Aquí puede
pasar todo, y la palabra *increíble* debe ser
borrada del libro ese muy grande donde están todas las palabras, porque en España
nada hay que sea mismamente increíble,
nada que sea mismamente... ¿cómo se dice?

—Absurdo. Tu padre tiene razón. Los españoles, hija... de varones hablo... son la

peor gente del mundo, y no hay cristiano
que los entienda ni los baraje. Se les da lo
bueno, y lo tiran; les hablas con juicio, y dicen que estás loca. Progreso aquí significa
andar para atrás como los cangrejos, Libertad
correr tras de un trapo colorado, Orden pegar sin ton ni son, y decir Gobierno es como
decir: "no hay quien me tosa., Mucho ganaría esta nación si se dejara gobernar por mujeres listas, que las hay... A esos hombrachos que no sirven para nada y reniegan de
que una monja se meta en cosas de Gobierno, les diría yo: callaos, imbéciles, y no
echéis roncas contra la *Madrecita*, pues no
merecéis otra cosa.,

Sumergida Ciguëla en profunda abstrac-
ción, nada decía. Sentada, el codo en la rodilla, la frente sostenida en tres dedos de
la mano derecha, los ojos fijos en el halda de
su vestido, dejaba caer su pensamiento al
sondaje de profundos abismos. Domiciana,
que vió en su enemiga señales de confusión,
de batalla tortuosa entre afectos, todo ello
contrario á la derechura de las resoluciones
violentas, acabó de recobrar su aplomo. Había vencido; con soberano talento, con pases
y quiebros de extraordinaria sutileza, había
logrado encadenar á la fiera... Ya podía pasarle sin ningún riesgo la mano por el lomo.
"Amiga querida—le dijo levantándose,—yo
no puedo detenerme más. Si quieres venir
conmigo, ven; si quieres quedarte, comerás
con mi padre y con Ezequiel. Te repito que
estás en tu casa.,

Lucila, sin mirarla, sin cambiar de su postura más que la mano, que de la frente bajó á sostener la quijada, le dijo: "Gracias, Domiciana. Yo me voy también.

—¿Y dudas aún que soy tu mejor amiga?

—Ya no dudo ni creo—dijo la guapa moza en pie, suspirando:—ya el dudar y el creer, como el temer y el desear, son para mí la misma cosa... En nadie ni en nada tengo fe... Estoy pensando que la vida y la muerte... todo es lo mismo... y que en este mundo y en el otro, hay la misma maldad, porque malo es todo lo que antes era nada y ahora es... lo que es... No me entiendo... Adiós, Domiciana...„

Suelta la mantilla, salió; tomando carrera al llegar al pasillo, precipitóse por las escaleras abajo. La cerera vió en aquella salida fugaz, como ciertos mutis de la escena, una reproducción del arrebato con que Lucila se había presentado en la alcoba; pero como iba en retirada, no fué grande su inquietud. Con todo, rodando después en coche por calles y plazuelas, camino de sus obligaciones, apartar no podía de su pensamiento los horrendos pesares de la que fué su amiga, ni la tenacidad con que á ellos se aferraba, rebelde al consuelo. "Me equivoqué—se decía,—pensando que entre las heridas del alma y su reparación no ponía el tiempo tanto de sí... Cada día aprendemos algo... Me da lástima esta pobre, y me da miedo. Menester será curarla ó amarrarla.„

XXIV

Como animal derrotado y herido, á la fuga
se lanzó la hija de Ansúrez, sin reparar en
las frases melosas que á su paso veloz por la
tienda se le dijeron, y en la calle corrió, tro-
pezando con transeuntes y vendedores, ig-
norando hacia dónde caminaba, pobre bestia huída. Creyérase que alejarse quería de
sí propia, ó que en la rapidez de la marcha
veía como una forma ó procedimiento de olvidar... Sin darse cuenta de su itinerario,
pasó por Puerta Cerrada, calle del Nuncio,
hizo un breve descanso en el Pretil de San-
tisteban, bajó á la calle de Segovia; metióse luego por la calle del Toro á la Plazuela
del Alamillo; tiró hacia la Morería vieja, y
en las Vistillas tomó resuello... Apoyada en
la jamba de una de las enormes puertas del
caserón del Infantado, echó mano con furia
á su propio pescuezo, diciéndose: "Me aho-
garía; lo merezco por tonta, por estúpida y
cobarde. Debí matarla, fué gran burrada
compadecerla, y darle tiempo á que con sus
despotriques me enfriara la voluntad de hacer justicia... ¡Y se ha reído de mí... se ha
quedado riendo, y yo sin cuchillo...! no sé
ya cómo me quitó el cuchillo... Pero si fuí
con la idea de matarla, con toda la justicia
de Dios dentro de mí, ¿por qué no la maté?...
¡Perra traidora!... ¡Y aún está viva, y go-

zando de su robo!... ¡Sabe Dios á dónde habrá ido en el coche!... Merezco su desprecio, merezco todo lo que me pasa. Me caigo de boba... Entré águila y he salido abubilla... Me ha engañado con mil embustes dichos como ella sabe... Abogada como ella y ministrila como ella, no han nacido, no. Engañará al Demonio, á Dios mismo engañará... Lucila, eres digna de que esa ladrona, después de robarte las guindas y de comérselas, te arroje los huesos al rostro. Aguanta y límpiate, triste pava... escóndete donde nadie te vea.„

En su delirio, tuvo la feliz idea de esconderse en su casa. Aquella noche, Antolín de Pablo, recién llegado de su excursión por los pueblos, le confortó el ánimo con hidalgas ofertas de hospitalidad. Si no quería recibir ya los socorros de la cerera, y gustaba de mantenerse honrada, allí tenía su casa, allí no le faltaría lecho en que dormir y un panecillo con que matar el hambre. Donde comen dos comen tres, y alabado el Señor que á él y á su buena Eulogia les daba medios de mirar por el prójimo. Este generoso proceder fué gran consuelo para Cigüela, tan infeliz como hermosa. Por la noche, dormida con pesado sopor, soñó que se ocupaba en la sabrosa faena de matar á Domiciana. Sobre el cuerpo yacente de la cerera descargaba golpes y más golpes con el fiero cuchillo, clavándoselo hasta el mango; pero no conseguía dar fin de ella, ni aquella vida se dejaba rematar. La víctima recibía sonriente las

puñaladas, cual si su cuerpo fuera un saco
relleno de paja ó serrín, y de él no salía sangre... ¿Dónde demonios estaba la sangre de
aquella mujer? ¿Habíasela sacado para hacer con ella un elixir de amor, un bebedizo
con que emborrachar á Gracián y filtrar en
su sér el olvido y la degradación?... Lucila
se cansó de acuchillar á su enemiga, y el
cuerpo de ésta coleaba siempre, siempre...

Al día siguiente, recobrada del furor he-
micida, se apoderaron de su espíritu las historias contadas por Domiciana. Cierto que el
odio á ésta no se extinguía; pero las historias tomaban en la mente de la guapa moza
cuerpo y aires de cosa real. Nada de aquello era inverosímil. Bien podía resultar que
fuese verdadero. El efecto buscado por la
exclaustrada no se había hecho esperar, y
su ingenioso artificio formaba un estado anímico ya indestructible. Dentro de sí llevaba
Cigüela razones y aparatos lógicos, hechos
bien tramados, que unas veces lucían como
verdades, otras se apagaban en dudas dejando siempre algún destello. Momentos había
en que reconstruídas las famosas historias
con elementos de realidad, las vió Lucila
como novela verosímil; horas hubo, en los
días siguientes, en que fueron para ella como
el Evangelio.

Si con delicada piedad Eulogia la socorría,
no gustaba de que estuviera ociosa. Mañanas ó tardes la tenía lavando ropa en la ar-
tesa, y luego tendiéndola en las cuerdas del
corral. En costura y plancha invertían las

dos no poco tiempo, y por la noche, cuando
estaba en Madrid Antolín de Pablo, solían
jugar á la brisca ó al burro. Entre San Antonio y San Juan, tuvieron que ir Antolín y su mujer á la boda de una sobrina car-
nal de él, en la Villa del Prado, y llevaron
consigo á la huéspeda, que se reparó de sus
quebrantos en veinte días de vida campestre.
Allí le salieron amadores sin cuento; de los
pueblos vecinos acudían á verla los mozos y
á celebrar su hermosura. Con buen fin le
hablaron muchos, y otros con fines equívo-
cos, que se habrían trocado en buenos, si ella
pusiera de su parte algo de amoroso melin-
dre; pero ninguno de aquellos requerimientos venció la frialdad y desvíos de la guapa
moza, que era como linda estatua en quien
faltaba el fuego de los deseos y el estímulo
de la ambición. Para que ninguno de los
inflamados pretendientes se quejase, Lucila
rechazó también, no sin gratitud, los obsequios y finas proposiciones de un labrador
muy rico de aquellas tierras, viudo y entrado en años, que de ella se prendó con amor
incendiario, y en una misma frase expuso
su petición de afecto y su oferta de inmediato matrimonio. Contestó Lucila negativa-
mente, con razones que al pobre señor dejaron tan confuso como lastimado.

A poco de este memorable suceso, regre-
só la joven á Madrid con sus patronos, y á
medio camino, en el alto que hizo la tar-
tana á la entrada de Navalcarnero, oyó Lucila de boca de Antolín este substancioso

sermón: "Pues, hija, si apuestas á boba no
hay quien te gane. ¡Hacerle *fu* al amigo Halconero, riquísimo por su casa, y más bueno
que rico!... No sabes tú lo que te pierdes.
¿Qué pero le pones, alma de cántaro? ¿Que
peina canas y va para Villavieja? Pues no
podías soñar proporción más al auto de tus
circunstancias. Cásate, simple, con Vicente
Halconero, que es hombre sano, y ya verás
como no tardas en tener familia, con lo que
has de distraerte y apagar todo el rescoldo
que te queda de tus pesadumbres. Y aún
tendrás tiempo ¡cuerpo de San Casiano! de
ser una viuda joven, que tu marido, en ley
natural no debe vivir mucho. Ea, tontaina,
yo le diré al amigo que aunque le has dicho
que no, por el punto, que se dice, luego sol-
tarás el sí...„ Reforzó Eulogia esta homilía
con argumentos aún más especiosos, y ya
en Madrid, volviendo á la carga, se admira-
ban de que Lucila estuviese tan rebelde, no
teniendo más que el día y la noche. Tanto le dijeron, y memoriales tan llorones en-
vió desde el pueblo el bendito señor, que al
fin la moza, sin abrir camino á las esperanzas, propuso y suplicó que le dieran para
pensarlo todos los días que restaban hasta
fin del año corriente. "Pero, chica—le dijo
Antolín,—considera que el hombre no es
niño, y que la esperanza es un pájaro que
no gusta de anidar en las cabezas canas.„ No
hubo manera de apear á Lucila de la transacción propuesta; en ello quedaron, y no-
tificado al buen señor el emplazamiento, se

puso tan alegre, según decían, que le faltó
poco para echarse á llorar del gusto.

Al volver á la Villa y Corte, encontró Lucila en ella los ardores del verano, y mayor
soledad y tristeza. Las aliviadas penas se
recrudecieron en el paso del sosiego campestre al bullicio urbano. Agitada fué de
nuevo por furores de venganza, y por el pru-
rito loco de revolver el mundo en busca de
la verdad. Con la verdad se contentaría, ya
que el hombre no pareciese. Por la Capitana,
que algún día la visitaba, supo que la cerera
se había ido con Doña Victorina á San Ildefonso, donde estaba la Corte. La ausencia de
su enemiga fué un motivo de sosiego para
Lucila. ¡Qué descanso no verla más ni saber
nada de ella! Así cayendo irían sobre su
memoria esas capas de polvo que traen el
lento olvidar, la renovación pausada de las
ideas. De este modo se llega, por gradación
suave, á ver y apreciar el reverso de las
cosas.

En el curso de aquel verano, el estado de
melancolía en que se fueron resolviendo las
amarguras de Cigüela, llevaba su espíritu
á las expansiones religiosas. No había consuelo más eficaz, ni mejor arrullo para dul-
cificar y adormecer los dolores del alma. Oía
misa en la Orden Tercera ó en San Andrés,
y algunas mañanas corríase hasta San Justo,
donde entraba con la confianza de no ver á
la cerera. Confesó y comulgó más de una vez
en San Pedro y en San Isidro. Su padre, el
veterano Ansúrez, acompañarla solía en es-

tas devociones elementales, de dulce encanto para las almas doloridas. Más de una vez se tropezó Lucila con Rosenda, que diferentes iglesias frecuentaba, y de su mal humor coligió que no había sido muy dichosa en sus cacerías, sin duda por el sacrilegio de intentarlas en lugar sagrado. En San Justo, ya muy avanzado Agosto, se encontró una tarde á Ezequiel, vestido de monago: palideció el muchacho al verla, y después, en el blanco cera de su rostro aparecieron rosas... "¡Qué guapa estás, Luci!—le dijo.—Nos contaron que te casabas con un señor muy rico, de ese pueblo de donde vienen las buenas uvas. ¿Es cierto?„ Negó Lucila, y el cererillo le dió noticias que no la interesaban: que D. Gabino había tenido un ataque á la vista, quedándose medio ciego; que Domiciana seguía en La Granja, y que D. Mariano estaba colocado en la Comisaría de Cruzada, con ocho mil reales. Luego se acercó á ella D. Martín Merino, y la saludó secamente, recordando haberla visto con la cerera. "¿Es esta señora la amiga de Doña Domiciana Paredes?... Por muchos años... yo bueno... ¿y en casa?... ¡Qué calor!...„ Esto dijo, retirándose con la fórmula vulgar: "Vaya: conservarse.„ Díjole después Ezequiel que D. Martín era un buen sacerdote que cumplía muy bien su obligación. Domiciana le prefería con mucho á los demás confesores que en San Justo había: últimamente, con D. Martín se confesaba, y él también,. por recomendación expresa de su hermana. Trabajillo le costó acostumbrarse, porque el Sr. Merino era muy rígido, no ayudaba, no hacía preguntas, y el penitente tenía que ir desembuchando pecado tras pecado por orden de mandamientos, pasando muchas vergüenzas, hasta que no quedara nada en el buche, pues de otro modo no había absolución. "Y ya es uno un poco hombre, Lucila—decía con inocente orgullo,—y cuesta, cuesta el rebañar bien la conciencia, sacando á pulso todo, todo, hasta los malos pensamientos, hasta las tentaciones que son y no son... Bueno. Pues hablando de otra cosa, te diré que mi padre, que ya no ve el pobre, pregunta por tí, y cuando le decimos que no sabemos nada, se le cae una lágrima... Vete á verle, mujer, que aunque él padezca un poquito por no poder verte el rostro, se consolará con oirte la voz...„

¡Fecunda creadora es la madre Fatalidad! La idea de que Domiciana tuvo por confesor á D. Martín arrastró hacia el austero sacerdote toda la atención de Lucila. Pensaba mucho en él; fué á San Justo movida del afán de observar su fisonomía; y viendo, no sin cierto terror, al depositario de aquella negra conciencia, al que había sido como espejo en que el alma de la traidora se mirara, dió en cavilar si no habría medio de hacer salir de nuevo á la superficie del cristal las imágenes que en él se habían reproducido. Pero esto era imposible. No hay confesor que revele los pecados que se le confían. "Este lo sabe todo—se decía la moza, oyéndole la misa.—Este conoce la historia infame, y cuando se vuelve para decirnos *Dominus vobiscum*, paréceme que veo á Domiciana en sus ojos negros de. pájaro de rapiña, penetrantes., Un día que D. Martín, bajando del presbiterio, la miró de lejos con fijeza casi desvergonzada, Lucila, estremeciéndose, dijo esto dentro de su pensamiento: "Sí, Don Martín: yo soy, yo soy la víctima de aquel crimen, soy la pobre mujer engañada, robada. Esa ladrona, esa farisea, esa Judas, me quitó lo que yo amaba más que mi propia vida, mi único bien, mi único amor, y quitándomelo me ha dejado tan sola como si toda la humanidad se hubiera concluído... ¿Verdad que fué gran felonía, y una maldad de esas que no tienen perdón? ¿Verdad que era justicia matarla?... ¿Verdad que no debí flaquear cuando llegué á ella con el cuchillo, y que fuí muy necia en salir dejándola viva?, Y en su delirio, creyó Cigüela que el clérigo, al retirar de ella su mirada, le decía: "Sí, mujer: Domiciana merecía la muerte. ¿Y tú, zanguanga, por qué no la aseguraste bien?,

XXV

Desde su campestre residencia en la Villa del Prado, escribía D. Vicente Halconero cartas dulzonas á la que llamaba su prometida, y ésta puntualmente les daba respuesta, poniendo en ella lo menos posible de ortografía, lo más de sinceridad, y una fría expresión de gratitud y afecto. No quería engañarle con fingidos entusiasmos, y en todas sus cartas le abría, como si dijéramos, la puerta de aquel compromiso para que se retirase cuando fuera de su gusto. Pero el buen labriego no pensaba en abandonar un campo tan florido, y en cada epístola que enjaretaba se ponía más tierno y dulzacho, como si mojara la pluma en el arrope de aquella tierra.

Avanzaba Septiembre cuando el viejo Ansúrez manifestó á su hija que ya le aburría y descorazonaba el empleo en casa del señor Chico, no porque allí el trabajo le rindiera, ni por el adusto genio del amo, sino porque se veía mal mirado del pueblo y de toda la vecindad. El aborrecimiento de la gente de Madrid al cazador de ladrones y perdidos, recaía en los servidores que de ello no tenían ninguna culpa; á tanto llegaba la inquina *ciudadana*, que de él, Jerónimo Ansúrez, huían más de cuatro, y le miraban con miedo y repugnancia como si fuera criado del verdugo. Quería, pues, *presentar la dimisión de su cargo*, y habiendo conocido ya la vanidad y *poca pringue* de todos estos empleillos, era su anhelo buscarse la vida con independiente trabajo, en un comercio de cosa que él entendiera. Proporción de establecerse se le ofrecía, que ni cogida por los cabellos. Se traspasaba la tienda de granos para simiente y de huevos, calle de las Maldonadas, y él podría quedarse con aquel tráfico sin más que aprontar cuatro mil reales que pedian por el traspaso. Cierto que ni él tenía tal suma ni su hija tampoco; pero bien podían pedirla prestada, y no había de faltar quien abriera la mano, por la seguridad de un buen interés ó la participación en el negocio. Aunque su padre no lo dijo claramente, Lucila le caló la intención, la cual no era otra que tratar del préstamo con Antolín de Pablo. Resueltamente se desentendió la moza de semejante embajada, y por aquel día no se habló más del asunto. Conviene advertir que Lucila había cuidado de no poner en autos á su padre de las intenciones y fines del rico D. Vicente Halconero: temía que el *celtíbero*, de la fuerza del alegrón, se lanzase á explotar tempranamente la generosidad del opulento villano.

Continuaba Cigüela parroquiana de San Justo, prefiriendo á las demás esta iglesia por la singular atracción del clérigo, á quien suponia viviente archivo de aquella historia lamentable. "Aquí está quien sabe la verdad—se decía.—Me agrada el sentirme cerca de esta verdad, aun sabiendo que no ha de querer descubrirse. Siempre que me mira este maldito cura, feo y antipático, creo que le gustaría quitarse el velo. Es ilusión, locura mía.,, Una mañana la saludó al paso D. Martín: "Yo bien, gracias... Mucho calor... ¿Qué se sabe de Doña Domiciana? ¡Cuánto tiempo que no parece por aquí!... ¿Qué dice usted... que ya no son amigas?

¡Vaya por Dios! Las mujeres por cosa grande riñen, y por cualquier nadería hacen las paces... Hoy furiosas enemigas, mañana comiendo en un mismo plato... Ea, conservarse.„

Otro día que se encontraba en San Justo, allí fué Ansúrez en su persecución, y viéndola saludada por D. Martín, le dijo: "Hija del alma, lo que menos sospechas tú es que estamos tan cerca de nuestro remedio. ¿Ves ese sacerdote tan áspero, y de tan mal cariz que á mí se me parece al verdugo que había en Zaragoza el año 43? ¿Lo ves? Pues es hombre de posibles, y coloca su dinero á interés, que no digo sea mismamente módico. Lo sé por quien le debe y no puede pagarle, de lo que resulta que está el buen cura furioso, y por eso tendrá esa cara de vinagre... Pues, óyeme: Al ver que te saludaba con aire de estimación, pensé y dije que si vas y le pides para tu señor padre, que quiere poner un comercio, cuatro, ó aunque sean seis mil reales, con la formalidad de pagaré en regla, y réditos consecuentes y puntuales, cierto es que veo el dinero en tus manos, que es como decir en las mías... Con que atrévete, y verás á tu padre en su tienda de las Maldonadas... ¿Qué? ¿Sientes cortedad?... Entendí que te confiesas con él.

—No me confieso porque me da miedo... No es de los que la llaman á una por ese aquel de la bondad cristiana... Vamos, que no me gusta para confesor... Sabe historias que me tocan muy de cerca; las sabe por confesión de otras personas; me parece que si con él me confesara, se me trastornaría el sentido y le diría: "no vengo á entregar mis pecados, sino á que usted me entregue los de otros„... Esto es un disparate. Pero yo me conozco... y por eso no me acerco á su confesonario.

—Hija de mis entrañas, no seas simple. Arrímate á la reja, y haz una confesión neta y clara, que á él le maraville por tu tribulación, por tus ansias de enmienda y de no volver á pecar. Entre col y col, le dices que tienes un padre amantísimo que se ve en grandes aflicciones, sin explicar porque sí ni porque no... Te absuelve... Quedáis amigos; eres su hija de confesión... te considera, te tiene lástima por lo que le dijiste de lo atropellado que anda tu buen padre. Dejas pasar dos días, y luego le pedimos una entrevista en su casa, que es ahí en el pasadizo de la Plaza Mayor; nos vamos los dos allá, y verás como no salimos con las manos vacías.„

Protestando de que es gran sacrilegio confesar con la idea de pedir dinero al confesor, Lucila opuso resistencia á los planes de su padre. Después dijo que se tomaría tiempo para pensarlo, y que si se determinaba, había de ser sin previa confesión... Por nada del mundo mezclaría las cosas sagradas con las mundanas, ni la conciencia con los intereses.

"Bueno, hija muy adorada, perla de mi familia: te dije lo del confesonario, porque en todas las cosas nunca está de más abrir cua-

15

lesquiera caminos para los fines que busca-
mos, y eso al alma no daña; ni el confesar
que te propuse era con el fin único de los intereses, sino para que con la limpieza de tu
conciencia prepararas al sacerdote á esti-
marte más. Total, que de un tiro matabas
dos pájaros; con una sola acción sacabas dos
provechos: tu alma purificada y mi bolsillo
guarnecido. Ya ves...„

Parte de aquella noche pasó Lucila en cavilaciones sobre lo propuesto por su padre,
y de cuanto pensó resultaba el propósito de
avistarse con Merino. ¿Qué perdía en ello?
Podría suceder que hablando los dos se es-
pontaneara el hombre, en una distracción de
la conciencia, ó que aun callando, con pausa
brusca ó con instintivo gesto diese á conocer
la verdad. Quería, pues, aproximarse á la
esfinge, y contemplar sus labios de bronce,
por si de ellos alguna revelación al descuido caía... Hablaría con el clérigo, pero sola:
la presencia de su padre la estorbaba. Ante
todo, érale preciso prevenir á D. Martín, pidiéndole hora para la audiencia, y este trá-
mite quedó cumplido á los tres días de la
expresada conversación con Ansúrez. Tal
era la impasibilidad del viejo cura, que no
manifestó sorpresa ni disgusto de la visita
que se le anunciaba: sin duda penetró el
objeto aparente de ella, que era solicitud
de préstamo. Contestó á Lucila que fuese
cualquier mañana, ó cualquier tarde antes
de las siete, hora en que infaliblemente cenaba y se recogía.

Llegaron día y hora: una tarde, cuando se aproximaba el ocaso, fué Lucila á la Plaza Mayor con su padre; éste se quedó dando vueltas alrededor del caballote de Felipe III, y la moza penetró en el siniestro pasadizo que oficialmente se llamaba *Arco de Triunfo*, y por mote popular *Callejón del Infierno*. Entrando por la única puerta numerada que allí se veía, subió hasta el segundo piso poco menos que á tientas, pues ni había luz en la escalera, ni á ésta llegaba la claridad del día declinante. Tiró de un cordón mugriento... abrió la puerta una doméstica joven, fea y sucia... y apenas nombró la visitante al Sr. D. Martín, vió que éste surgía de las sombras de la casa, y le oyó decir: "Pase, joven, pase. Dominga, traerás luz.„

Tras D. Martín entró Lucila en una estancia chica, con ventana que daba al callejón. Había en ella un derrengado sofá de paja, una mesa camilla con cubierta de hule negro y raído, y faldón de bayeta verde; en el rincón próximo una papelera con libros apilados en la parte superior; entre la mesa y la pared una silla, enfrente otra. El esterado era de empleita con rozaduras; en las paredes no había ninguna estampa ni cuadro; sobre la mesa, al lado izquierdo de D. Martín, papeles manuscritos sujetos con un pedazo de mármol que debió de ser peana de una figura, tintero de loza con dos plumas clavadas en los agujeros laterales, polvorera de cobre y un pedazo de paño negro; el breviario, arrimado al lado derecho,

encima de otro libro de cubierta roja; un
almanaque con las hojas muy sobadas, un
bote de hojalata con tabaco, librillo de papel
de fumar. Todo allí revelaba pobreza y ava-
ricia.

A una indicación de Merino se sentó Lu-
cila.en la silla del lado exterior de la mesa,.
y sentado él entre la mesa y la pared, quedaron frente á frente. La sotana verdinegra
que el clérigo usaba dentro de casa era prenda antediluviana que le envejecía más. Lucila le vió más feo que en la iglesia, más
sucio, abandonado y desapacible. Abrió el
cura la conversación con estas palabras:
"Hoy me ha dicho el chico de la cerería que
su hermana está para llegar., Lucila no
dijo nada: se alegraba de que D. Martín re-
lacionara siempre la persona de la criminal
con la de la víctima, pues ni una sola vez,
al hablar á ésta dejaba de nombrar á la cerera maldita. ¿No podría esperarse que de la
tangencia de personas en el cerebro del cura
resultara un abandono del secreto?... "Y á
propósito de Doña Domiciana—prosiguió
Merino,—voy á enseñarle á usted los tres
regalitos que me hizo antes de irse á La
Granja., De un cajón de la papelera próxima fué sacando y mencionando los objetos
que mostró á Lucila. "Vea usted: una caja
con bolitas de jabón, alumbre y trementina,
—para quitar manchas de la ropa negra, y re-
mediar el lustre que llamamos de ala de
mosca... Vea usted: un rollo de cerillo fino
para alumbrarse en la escalera cuando uno

entra de noche... Y por último, este cuchi-
llo„... Lo desenvainó para mostrarlo á Lucila, que en todo su cuerpo sintió repentina
frialdad al reconocerlo. "Es precioso—dijo
D. Martín, satisfecho de poseer aquella joya.—Vea usted qué punta más afilada... Es
fino de Albacete, con grabados árabes en las
costeras; el mango muy bonito... Era una
lástima que esta magnífica hoja no tuviese
su vaina correspondiente. En busca de ella
me fuí al Rastro algunas tardes, y al fin,
mirando en este puesto y en el otro, me
encontré ésta que le viene tan bien como
si con ella hubiera nacido... Y no me costó
más que dos reales... Vea usted... Lo he
limpiado... Siempre es bueno tener uno alguna defensa, por lo que pudiera ocurrir.„

La idea que á Lucila embargaba le sugirió con celeridad eléctrica esta pregunta:
"D. Martín, ¿no le dijo Domiciana de dónde
sacó este puñal, ó cómo fué á sus manos?

—Es un arma muy buena, la hoja de temple fino, el mango muy bien labrado,—dijo
el clérigo guardando el cuchillo y sin parar
mientes en la pregunta de la joven. Esta la
repitió con más énfasis.

"Si me dijo algo, ya no me acuerdo—
contestó Merino con indiferencia real ó fingi-
da.—Se lo encontró probablemente...

—Pero usted sabe que Domiciana es muy
mala... Ese cuchillo, lo mismo pudo ser
suyo para matar, que de alguien que quiso
matarla.„

En aquel momento entró la doméstica con

un candil que apestaba. Iluminado de frente el rostro amarillo y huesudo del presbítero, sus ojuelos brillaron, fijos en la moza, y con su más bronco acento le dijo: "Señora, ¿en qué puedo servirla?„ Desconcertada por esta invitación á seguir la derecha vía, el pensamiento y la palabra de la guapa moza se lanzaron por un despeñadero. "Pues verá usted, D. Martín: como Domiciana es tan mala, yo... digo, mi padre... Es que quiere establecerse, tomar una tienda de granos y huevos... y... el cuento es que no tiene posibles... Si no fuera Domiciana lo que es, una mujer infame y traidora, yo estaría en buenas relaciones con ella... y siendo amigas ella y yo, no había por qué molestarle á usted...

—Acaba, hija, acaba—dijo Merino impaciente, tuteándola, con lo cual expresaba lo que la linda joven había desmerecido á sus ojos en el momento de declararse necesitada de dinero.—¿Y cómo se te ha ocurrido venir á mí para esa necesidad? ¡Anda! creen que tengo yo el oro y el moro... No, hija: si en algún día dispuse de fondos, entre tramposos y estafadores me han limpiado, cree que me han dejado como una patena ¿Qué dinero ha de tener nadie en un país donde no hay justicia, donde no se castiga á los bribones, donde los más altos dan el ejemplo de la inmoralidad y el ladronicio?

—¡Oh! sí, D. Martín, los más altos son los peores—dijo Lucila con arranque.—¡Quién había de creer que Domiciana... que todavía no ha dejado de ser esposa de Cristo... porque esos votos no los rompe nadie, ¿verdad?... quién había de creerla capaz de una tan villana acción!... No se queje usted de que le hayan robado algún dinero, porque eso, el vil metal, ¿qué supone?...

—¡Que no supone!— exclamó el clérigo con extraordinario brillo en su mirada.— Los ahorros de toda mi vida, los cinco mil duros que á la Lotería gané, lo que me daba la Capellanía de San Sebastián, todo me lo han ido quitando con engaños y malos procederes.

—Quiero decir que esas pérdidas, aunque sean muy grandes, no se pueden comparar con otras... con que le quiten á una el corazón... el corazón y el alma, Sr. D. Martín... Por eso dije que el dinero no supone nada... El dinero no es más que una basura. Todo el que hay en el mundo, si fuera mío, lo daría yo porque me devolvieran lo que me ha quitado Domiciana... ¿Y á quién reclamo yo? ¿Quién me hará justicia?

—La justicia está en manos de los fuertes, y los fuertes no la usan más que en provecho propio, y en vituperio y perjuicio del humilde, del pobre, del limpio de corazón. Pero los fuertes caerán algún día... vaya si caerán.... No hay ídolo de barro que resista á un buen empujón... Muchos que nos espantan por poderosos, nos harían reir si de un golpe los tiráramos al suelo y viéramos que son armadura de caña forrada de papeles; y más nos reiríamos si al hacerlos rodar

de una patada, viéramos que ya por dentro,
por dentro... se los van comiendo los ratones... ¿Usted me entiende?„

· Decía esto el maldito viejo iluminando
con la luz siniestra de sus ojos el rostro impasible, amarillo, de una rigidez estatuaria
de talla vieja despintada y cuarteada. Lucila le miró, observando el marcado resalte
de los pómulos que á la luz brillaban, redondos, con un deslucido barniz de santo
viejo; observó también las dos grandes arru-
gas que descendían de la nariz chata hasta
unirse con las comisuras de los delgados labios, y la extensa curva que éstos formaban
cayendo por sus extremidades... No entendía
bien Lucila el lenguaje gráfico de aquel rostro, en el cual algo había de momia con vida,
y lo que más claramente pudo descifrar en
él, á fuerza de deletrearlo, era un inmenso
desdén de todo el Universo.

XXVI

Y no fué poca sorpresa de Lucila el oirle
pasar, casi sin transición, de las lúgubres
consideraciones antedichas á esta vulgar
pregunta: "¿Y ese hombre, ese padre de usted, qué cantidad necesita?„ Respondió la
moza que de cuatro á seis mil reales... y
añadió que el negocio de la tienda de huevos y semillas era de seguro rendimiento...
"Es mucho, mucho dinero—murmuró Me-

rino sacando el labio inferior y arqueando
más la boca.—¡Seis mil realazos!... digo,
digo... eche usted reales... y en estos tiempos en que el dinero anda escondido para
que no lo cojan las uñas moderadas... El
poquito que ha escapado de esas uñas, tié-
nelo la soldadesca. Entre abogados y mili-
tronches, están dejando en los huesos á esta
nación... Pues no puedo, no puedo servirles...

—Mi padre cumplirá bien; por eso no lo
haga—dijo Lucila creyendo que no aflojaba
la mosca sin hacerse de rogar.—Y dispén-
seme que no empezara por hablarle de mi
padre; pero desde que Domiciana me hizo
aquella trastada, he perdido el tino, y hablo
todo al revés. A usted le consta lo mala qüe
es la cerera, ¿verdad, D. Martín? ¿Quién lo
sabe como usted?

—Me hablabas de tu padre...

—Decía que mi padre es hombre formal.
Mi padre cumple.

—¿Y por qué no ha venido contigo, ó no
viene él solo? Si yo le hago el prestamo, él
será quien me garantice, no tú; á él podré confiarle mi dinero, no á tí, que lo gas-
tarás alegremente con tenientes ó capita-
nes... ¡Ah! vosotras las enamoradas trastor-
náis á los hombres y les apartáis de su obligación; por vosotras, por vuestros perifollos,
y el lujo... *asiático* que gastáis, están ahora los hombres públicos tan corrompidos;
vosotras tenéis la culpa de todo este ladronicio... y luego os quejáis cuando os quitan
algo.

—Yo no he trastornado á nadie; yo no he gastado lujo; yo no quiero más que paz, y el amor de un hombre...

—No sueñes con amor de hombre, ni con paz, ni con ningún bien, mientras no haya justicia y se dé á cada cual lo suyo... Espérate á que el mundo se arregle como es debido, y á que caigan todas las farsas y rueden los ídolos... Mientras eso no llegue, ¿qué hablas ahí de amor de hombre, si ahora, según estamos, nada es de nadie, y no se sabe á quién pertenece el hombre, ni la mujer tampoco? Donde no hay justicia, donde todo es iniquidad, ¿qué sacas de lamentarte? Escribes tus chillidos en el viento para que jueguen con ellos los pájaros... Todo es aquí tiranía, todo es dominio de los malos sobre los buenos, opresión del pobre por el rico, y del débil por el fuerte... ¿Dónde está el tuyo y el mío y el de cada cual? Los mandones le quitan á uno la camisa, y encima hay que darles las gracias porque no nos han quitado los calzones. Deja tú que todo se estremezca, y el día del derrumbamiento recobrarás lo tuyo, yo lo que me pertenece... eso es„ Sin transición, saltó con esto: "Vaya, joven, ¿no te parece que hemos hablado bastante? Dile á tu padre que venga cualquier día... ésta es buena hora: hablaremos, y... ya se verá...„

Lucila, que ya sentía un si es no es de temor, viendo el acento rencoroso que ponía en sus divagaciones, se despidió con las fórmulas corrientes, sin meterse en más dimes y diretes con la esfinge. Salió Domin-

ga con el candilón, pues la escalera era como
boca de lobo, y al llegar al pasadizo del Infierno, Cigüela se dijo, resumiendo la visita: "Bien se ve que conoce toda la historia y
los enredos de Domiciana... Puede que también sepa dónde y cómo le tienen escondido...
Pero no lo dirá... Estas cosas de amores y
de hombres robados le interesan poco, nada... y las mira como como cosa de juego...
No piensa más que en el aquel de lo malo
que está todo, y en el latrocinio del Gobierno, y en que moderados y militares no son
más que sanguijuelas que le chupan á España toda la sangre...„

Reunida con Ansúrez en la Plaza, le refirió
la visita y las impresiones que en ella reci-
biera, que no eran malas en lo tocante al préstamo. Pensaba Cigüela que el clerizonte sol-
taría los cuartos; mas era preciso regatearle,
que el hombre, en su tacañería y desconfianza, se fingía escaso de recursos para obtener
mayor ventaja en el negocio. El viejo *celtíbero* acompañó á Lucila hasta su casa, y al
retirarse se las prometía muy felices. Pero
en los días siguientes, resultó que de tan
buenas esperanzas había que quitar la mitad
de la mitad. Para efectuar el préstamo había
que esperar á que pagara un cliente moroso,
que ya tenía fuera de tino al Sr. D. Martín,
pues ni devolvía el *principal*, ni aflojaba los
réditos de un año vencido. Todo se volvía
prometer y dar largas, sin que le valieran al
clérigo amenazas de demanda judicial. El
deudor se reía. Por fin, hubo esperanzas fun-

dadas de arreglo, pagando por el tal una señora, tía suya, y rebajando intereses. Si en
efecto se cobraba, se realizaría el nuevo préstamo, obligándose Ansúrez á responder con
todos sus bienes, y á más con la tienda que
habían de traspasarle.

Entretanto que estas cosas del orden eco-
nómico iban pasando, observaba Lucila que
el grande afán suyo inextinguible por la
pérdida de Tomín, ocupaba y desocupaba
las regiones más grandes de su alma con
cierto flujo y reflujo, como el del Océano que
llena y vacía con el lento ritmo de las ma-
reas. Tan pronto la pena honda se aliviaba,
y la dolorida mujer entreveía reparación
probable; tan pronto la pena tomaba mayor
fuerza, colmando el alma hasta rebosar; y
cuando subía de este modo la hinchada ma-
rea de su aflicción, Lucila deseaba la muerte, y aun acariciaba la idea de procurársela
por su propia mano. Sólo la muerte era verdadero y eficaz descanso. Sólo el sueño eterno le daría paz, ya que no le diera el ver á
Tomín en la región de allá, donde dormidos
vivimos de nuevo... Lo más extraño era que
este recrudecimiento del dolor recaía sobre
la hija de Ansúrez cuando la Providencia
enviaba sobre ella sus bendiciones.

Los obsequios cada día más valiosos de
D. Vicente Halconero no llevaban ciertamente á Lucila por el camino del alivio. Eulogia no se cansaba de amonestarla con severidad ó con burlas. "No sé qué más podrías desear. Viene Dios á verte y le pones

cara de alcuza. ¡Vaya un orgullo! Te llueven tortas y torreznos, y en vez de ponerte á bailar, lloriqueas... Yo pienso en la vida que te esperaba con ese maldito Capitán si no te lo quitan de en medio... Y aun con indulto y todo, valiente pelo habrías echado de militara...,, Sin negar que Eulogia tuviera razón, Cigüela también la tenía, que razones hay siempre para todo... Claro que no desconocía la inmensa gratitud que al Sr. Halconero debía, y se declaraba indigna de tanta bondad. ¡Vaya con el rico albillo que mandó D. Vicente en aquel Agosto y en aquel Septiembre, escogidos por él los racimos más hermosos, los más dorados, de uvas transparentes, finas, dulces! Al albillo acompañaba el arrope superior, hecho en casa del rico hacendado con todo esmero, y pollos y capones que en aquellos amplios corrales se criaban. Para el próximo Noviembre anunciábase ya el esquilmo suculento de la matanza, y para Diciembre irían los corderos lechales, amén de la muchedumbre de caza, y castañas y nueces.

Pero estas ricas ofrendas valían menos que otras del magnánimo señor. Había ordenado á Eulogia y Antolín que por cuenta de él fuera provista la guapa moza de todo lo correspondiente á una señorita de clase acomodada; que se encargasen á una buena costurera vestidos honestos y al gusto de Lucila, agregando cuanto de ropa interior decente necesitase para completar su atavío, todo esto sin lujo, mirando sólo á la buena calidad y finura de las telas, y al esmero de las hechuras. Un día se encontró la joven en su cuarto un tocador de caoba modestito y elegante, con todos los accesorios de porcelana y adminículos para su arreglo y limpieza, y á la semana siguiente apareció como por magia un corpulento armario para ropa con un gran espejo en la puerta, mueble precioso que fué el pasmo de toda la vecindad. Dígase que todo esto agradó mucho á Lucila, y elevó hasta lo increíble su gratitud.

Pero aún faltaba lo más hermoso de la generosidad del D. Vicente, la cual ya tocaba en los linderos de lo sublime, y fué que dispuso en carta muy extensa lo que se copia para mejor conocimiento: "Quiero que sin dilación se le ponga un maestro pendolista, que le enseñe el trazo de buena letra, y todo lo tocante á la ortografía y al uso de puntos y comas como es debido. No sea ese maestro un mequetrefe, sino hombre que sepa el oficio, maduro, y de bien probada honestidad, y la letra que le enseñe sea por Torío, no por Iturzaeta, y nada de esto que llaman bastardilla y rasgos á la inglesa. Póngasele también preceptor que le enseñe la Geografía, y la Aritmética hasta la regla de tres no más; y de Gramática nada, que eso es estudio baldío. Désele de añadidura algún conocimiento de Historia Sagrada y profana, pero no mucho, nada más lo preciso; y el Catecismo, por de contado, con las obligaciones del buen cristiano. Escójanse pasantes graves y circunspectos, sin reparar el coste... y que no sean del estado eclesiástico. De otra clase de enseñanza, tal como baile y música, nada; que todo este recreo de mozuelas se deja fuera de la puerta del santo matrimonio.„

De cuanto regalaba y disponía el buen Halconero, estas órdenes, reveladoras de un interés profundo y de un cariño intenso, fueron las que más hondamente penetraron en el alma de Lucila. Eulogia le dijo: "Dios viene á tí; Dios ha hecho de la más desamparada la más amparada; y á la más pobre la rodea de bienes, y á la más triste le pone corona de felicidades. Dale las gracias, y dile: "Señor, hágase tu voluntad...„

Voluntad de Dios era sin duda, y manifiesta con tales signos, no había medio de rebelarse contra ella. En la red de estos beneficios tan hermosos como delicados, se veía cogida, sin evasión posible. Ya su compromiso no podía ser condicional, ni estar sujeto á definitiva resolución en un marcado plazo, ya debía darse por prometida y aún más por otorgada... En todo Enero del año siguiente, según se decretó en la Villa del Prado, sería Lucila la señora de Halconero.

El cual anunció su viaje á Madrid para Noviembre. Dos veces había estado en Madrid durante el verano, y Lucila le miraba como uno de tantos pretendientes, del cual más distante estaba cuando más cerca le tenía. Pero cuando vino Halconero en Noviembre, ya era otra cosa. Aplicando al caso

toda su buena voluntad, vió en el que ya era
su presunto marido menos fealdad y desagra-
do que en otras ocasiones viera; vió en extraordinaria magnitud su bondad, reflejada
no sólo en sus nobles actos y dichos oportunos, sino hasta en su figura... Esta no le
pareció á Lucila tan rechoncha y maciza
como cuando en el pueblo se ofreció por
primera vez á su atención, y los cuajados
ojos de D. Vicente, redondos, claros y casi
siempre húmedos, revelando parentesco con
ojos de peces sacados de las aguas, ya tenían
cierto brillo y aun vislumbres de gracia,
efecto sin duda del amor, que en el alma
escondida tras ellos había hecho su nido.
En suma, que aunque el noble espíritu de
D. Vicente se hallaba prisionero dentro de
una gordura que iba en camino de la obesi-
dad, Lucila no le encontraba absolutamente
despojado de gallardía. Cierto que era una
gallardía muy relativa, y casi casi puramente convencional. Halconero tenía la cabeza
blanca, el rostro encendido, redondo, afeita-
do, la dentadura sana, los labios sensuales,
la nariz aguileña, la frente despejada, y el
ánimo, en fin, pacífico, amoroso, propenso á
los arrebatos de ternura, así como el entendimiento claro, aunque tirando á lo imagina-
tivo. Lucila vió en él un marido del tipo
paternal, y creyó firmemente que reinaría
en su corazón por la bondad y el tutelar
cariño.

XXVII

Halconero había venido á la Corte de paso para tierras de Guadalajara, en donde pensaba arrendar pastos para la trashumación de sus merinas. Detúvose en Madrid sólo cuatro días, con ánimo de permanecer más tiempo á la vuelta, y por estar más cerca de su presunta felicidad se aposentó en la posada de *San Pedro*, en la Cava Baja. Bien aprovechadas fueron las cuatro noches: en ninguna de ellas dejó de llevar al teatro á Eulogia y Lucila, armonizando el gusto de ellas con el suyo, pues los lances de la escena le divertían é impresionaban grandemente. Vieron y gozaron en *El Drama* (Basilios) *La Escuela de los maridos;* en *Variedades, García del Castañar*, y en *El Circo*, la preciosísima zarzuela *Jugar con fuego*. Aunque por no contrariarle, Cigüela no decía nada, le causaba cierta inquietud el frecuentar sitios públicos, temerosa de encontrar en ellos personas que con sus dichos ó sólo con su presencia la trastornasen. Ya por aquellos días estaba la joven muy metida en el tráfago de sus estudios, los cuales, por el múltiple beneficio que le causaban, eran entretenimiento saludable y bálsamo instructivo.

Partió D. Vicente para sus diligencias de ganadero y labrador, y quedó Lucila compartiendo su tiempo entre las lecciones y el corte y hechuras de su nueva provisión de ropa. Con Eulogia iba alguna vez de tiendas; acompañábala también Ansúrez, que, harto ya de verse mal señalado por servir al impopular Chico, se había despedido, y no tenía más ocupación que vagar por calles, visitando amigos, ó arrimándose á los corrillos de éste y el otro mentidero. Atendido por Lucila en su primera necesidad, que era el comer, no se apuraba gran cosa por la cesantía. Sabedor ya de que le tendría por suegro el rico labrador de la Villa del Prado, casi bailaba de contento por la feliz y casi milagrosa colocación de su querida hija; pero á él no le petaba el vivir á lo parásito, yedra pegada al tronco de un yerno; gustaba de la independencia, y no había de parar hasta establecerse. A ello le animaba el buen cariz de sus negociaciones con Merino, para el consabido préstamo. Si en la quincena que siguió á la visita de Cigüela, el adusto clérigo le había mareado y aburrido con largas y promesas, que hoy, que mañana, ya parecía que iban las cosas por mejor camino. No se descuidaba el buen *celtíbero* en tener siempre bajo la mano al sacerdote prestamista; y si no le divertía visitarle en su triste y lóbrega casa, gustaba de acompañarle algunas tardes en su paseo, que era infaliblemente por la Cuesta de la Vega, saliendo alguna vez por el Portillo, y metiéndose en el polvoroso plantío que llaman *La Tela*. Hablaban del mal Gobierno y de lo perdido que está el país. "Es Don Martín tan filosó

fico —decía Jerónimo, —que se queda uno
con la boca abierta oyéndole. Gran meollo
tiene todo lo que dice... sólo que cuando
uno está en el punto de cogerle la idea, el
hombre se arranca por latines, y... á obscuras me quedo.,,

En un comercio de telas de la Concepción
Jerónima se encontraron una mañana Lucila y Rosenda, ésta trajeada tan á la moda,
que sólo con ello declaraba el reciente ha-
llazgo de su remedio. A las preguntas de Lucila contestó que en efecto tenía el mejor arri-
mo que ambicionar pudiera, en circunstancias y condiciones inmejorables. "¿Quién...?
—preguntó Lucila. "No puedo decirlo –replicó la Capitana.—Hice juramento de no
revelarlo á nadie, ni á las personas más ín-
timas. Y antes reventaré que faltar á lo ju-
rado, porque en ello me va *el ajuste*, que es
superior. Valiente necia sería yo, si por bo-
quear más de la cuenta perdiera esta gan-
ga.,, Celebrando Lucila lo que su amiga le
contaba, limitó su indiscreción á preguntar
si la pesquería había sido en la iglesia, conforme á los planes de marras... "En la novena del Rosario —contestó Rosenda,—eché
mis primeros anzuelos... Picó en la novena
de Santa Teresa, y saqué el pez en las mis-
mísimas *Animas*... y no me pregunte usted
más.,, Hablaron inmediatamente de trapos
para la estación, y de las nuevas evoluciones
de la moda. "Esa tela *marrón* con rayas le
irá muy bien para traje de señora rica de
pueblo. Hágaselo usted con faldetas, el cuer-

po muy abierto por delante, con camisolín bordado, alto, honestito. Aquí encontrará usted un organdi precioso, ó si no, *barege*. La manteleta es de rigor., Enterada ya Rosenda del proyectado casamiento de su amiga con un ricacho viejo, siempre que la veía se extremaba en felicitarla. Dios había trocado todas sus desgracias en beneficios, su pobreza en abundancia, y su esclavitud en la más preciosa de las libertades.

Dos días después de esta entrevista, volvieron á verse en el mismo comercio, no ciertamente de un modo casual, sino porque Rosenda, advertida de los tenderos que esperaban á Lucila para cambiar un retal por otro, allí se plantó y allí la cogió descuidada, sorprendiéndola con este jicarazo: "Despache usted á su padre con cualquier pretexto, para que podamos irnos solitas á dar una vuelta por la calle. Tengo que decirle cosas de remuchísima enjundia., Tembló Cigüela como el pájaro herido; y atontada despidió al viejo y aceleró sus quehaceres en la tienda. En la calle las dos, Rosenda le dijo: "No se encampane usted con lo que voy á notificarle, ni pierda su serenidad. Prométame por cien mil coros de serafines que ha de ser juiciosa. ¿Lo promete?... Pues allá va. Una persona, que no necesito nombrar, ha visto á Bartolomé Gracián.,

La impresión de Lucila fué de intenso frío. Dando diente con diente, pudo balbucir estas cortadas expresiones: "No me engañe... ¿Está segura? ¿Y esa persona le conoce bien?... ¿Sería él de verdad?... ¡Oh! siento una pena horrible... una alegría loca... ¿Con que vive? ¿No le han matado?... Pero no es alegría lo que siento; es pena, y pienso que ha de matarme.

—No dudes que es él... La persona que le ha visto le conoce como nos conocemos tú y yo – dijo la Capitana, que para inspirar mayor confianza y explicarse con desahogo; inició el tratamiento de *tú*; necesario ya entre dos amigas.—¿Pero qué... te pones mala? No, borrica: tómalo con calma, y que este notición no te saque de tus casillas...

—Rosenda, no me mandes que tenga calma—dijo Lucila aceptando el tratamiento familiar sin darse cuenta de ello.—Me has removido toda el alma, sacando arriba lo que ya estaba debajo de todo, y parecía que se iba ahogando... ¿Le ha visto ese señor?... ¿dónde... dónde?

—Serénate. Si te pones muy nerviosa y empiezas á soltar chispas, me callo.

—No, no: háblame... dí... Ya me veo corriendo por un precipicio, y aunque quiera volver atrás no puedo. Puede más la pendiente que yo. ¿Dónde?...

—Por hoy punto en boca... Tu padre no puede tardar con los paquetes de horquillas y el tarro de pomada. Además, como te excitas tanto, estamos llamando la atención en medio de la calle. Arrimémonos á esta rinconada... Sólo puedo decirte hoy que el pobre Gracián no debe andar bien de salud. Parece que está enfermo, aburrido...

—¡Ay, qué dolor! ¿Y se sabe... esto sí podrás decírmelo... se sabe si sigue debajo del poder de la *boticaria?*

—Eso no lo sé hoy, pero es seguro que lo sabré esta noche. Oye lo que te digo. Vete mañana á mi casa. Vivo calle del Factor, número 6, piso segundo. Apúntalo bien en tu memoria. Toda la mañana estoy solita... ¿No sabes dónde está mi calle? ¿Sabes la parroquia de San Nicolás?... Pues por allí. No tiene pérdida. Vas mañana... me encuentras sola, y hablamos... Verás qué casa tan linda tengo, y qué mueblaje... todo nuevecito, acabado de comprar... Y ahora, chitón, que aquí viene ya papá Jerónimo. Te espero. Con él irás, y allí nos le sacudiremos mandándole á casa de mi modista, que vive donde Cristo dió las tres voces...„

Nada más hablaron. Lucila volvió á su casa sin saber por dónde iba, ni enterarse de lo que por el camino le contaba el buen Ansúrez, cosas políticas de interés, que la inatención de la guapa moza convirtió en insignificantes. Todo el alivio ganado perdíase súbitamente, y la honda enfermedad del ánimo, sentimientos despedazados, dignidad ofendida, ideas fuera de quicio, razón deshecha en locura, recobraba de golpe su aterrador imperio. Por la noche, el insomnio renovó en ella los suplicios de los días más tristes de su existencia, y el sueño la sumió en las tenebrosas cavidades de la idea trágica. Cuchillo en mano, daba muerte á la *boticaria* una y cien veces, sin acabar nun-

ca de matarla... Por la mañana, fatigada
del insomnio y del sueño, que tan vivamen-
te reproducían su amor como sus odios, trató
Lucila de confortar su alma ideando alguna
contingencia placentera, que bien podía re-
surgir en los acontecimientos que se aveci-
naban. "Si encuentro á Tomín—se dijo,—y
me propone que huyamos sin pérdida de un
instante, me iré con lo puesto... á donde él
quiera. Si fuese menester que volviéramos
al mechinal indecente de la calle de Rodas,
iría sin vacilar, apechugando con toda la
miseria que Dios quisiera mandarnos... y si
hubiéramos de ir lejos, á un monte cerrado,
á una cueva separada de todo el mundo,
también iría con él... como si me llevara á
un desierto, de esos en que hay tigres y leones... No me importa que haya leones y pan-
teras, con tal que no haya Domicianas.„

Arregló las cosas y dispuso sus diligencias de aquel día en forma que su salida y
tardanza no inquietaran á Eulogia, y á hora
conveniente, salió con su padre en dirección
de la parroquia de San Nicolás, en cuyas
cercanías vivía la endiablada Rosenda. Avi-
da de llegar pronto, aceleró su marcha, y
como Ansúrez, sofocado, la incitase á mo-
derar la andadura, díjole que urgía el arreglo de cierto vestido en el término de la mañana, y que se preparara á llevar recados á
puntos distantes... Entre los innúmeros desatinos, engendro de su loca pasión, que
pasaban vertiginosos por la mente de Lucila, prevalecía el que formuló de este modo:

"¡Estaría bueno que ahora se me presentara Tomín en casa de Rosenda; que Rosenda le hubiera encontrado y allí le tuviera escondidito para darme la gran sorpresa! Ello no será; pero bien podría ser... cosas más raras se han visto.„

Entró en la casa con sobresalto semejante al de las personas muy nerviosas cuando saben que sonarán tiros, y por segundos esperan la detonación y fogonazo. Apenas se fijó en la limpia vivienda de su amiga, mujer arreglada y de gusto, que había tenido el arte de dar aspecto risueño á una casa viejísima. Los muebles eran flamantes, de clase barata con apariencia; las esteras de lo más fino, y la alfombra de la sala y gabinete, del tipo industrial, á la moda, colores vivos que durarían muy poco. Preparado había Rosenda la copa de aljófar con cisco bien pasado, y á ella se arrimó Lucila para calentar sus manos ateridas, con mitones. Aunque ya usaba manguito, no podía acostumbrarse á llevar las manos metidas siempre en él... Le costaba entrar por los hábitos del señorío. Despachado Ansúrez á los recados distantes, quedaron solas. Ponderaba Rosenda su casa y sus muebles, y aún quiso llevar á su amiga á que viera cocina, despensa y otras piezas. Pero la guapa moza, impaciente y con su imaginación en esferas muy distantes, lo dió todo por visto y admirado, diciéndole: "Luego lo veré. Ya supondrás que vengo muerta de curiosidad, que he pasado una noche terrible, que no viviré hasta saber...

—Pues aquí tienes á tu amiga—dijo Rosenda sentándose á su lado,—con ganas de traerte al buen entender, y de apartarte de los malos caminos. ¡Ay, hija! ayer tarde, cuando vine á casa, me pesaba, créelo, haberte dicho lo que te dije... Mejor habría sido reservarlo para después, y echar por delante el consejo que ahora te doy tocante al orden de las cosas. Por cien mil coros de arcángeles te pido que te fijes, que me hagas caso, y te percates bien... Allá voy... Lo primero que tienes que hacer es acelerar tu casamiento por los medios que puedas... Todo el tiempo que ganes en rematar la suerte con Halconero, es tiempo ganado en tu bienestar y en tu independencia... Y ahora viene la segunda parte: en cuanto te cases, y tengas á ese magnífico buey bien cuadrado, empiezas con él una brega superior, muleta por aquí, muleta por allá, para que el hombre abandone la vida del campo y venga á establecerse contigo en Madrid... Bien sé que por de pronto ha de cerdear. Es un viejo gañán, que no podrá vivir lejos de los montones de estiércol... pero una mujer... es una mujer... y en luna de miel lo puede todo... Te aburre el campo, te entristece; las aguas gordas de aquella tierra te revuelven los humores... te pones malísima, pierdes la salud, y hasta podría ser que se te malograra el fruto... Figúrate cuántas razones puedes emplear para convencer á tu marido, cuántos mimos echarle y cuántas banderillas ponerle...„

Absolutamente contrarias á estas ideas eran las de Lucila. Le gustaba el campo, y en su soledad y augusto sosiego, esclavizando la atención con amenos quehaceres, pensaba llevar su alma mansamente á un bienestar tranquilo. Pero como Rosenda no quería satisfacer su curiosidad, si antes no prometía someterse y adaptarse á las sabias reglas de la filosofía del vivir, la guapa moza, como el sediento que entrega toda su voluntad por un vaso de agua, le dijo: "Haré todo lo que me aconsejas, Rosenda... Y ahora, sepa yo pronto: ¿Han vuelto á verle? ¿Dónde le han visto?... ¿Qué ha pasado, qué más pasará?

XXVIII

—Pues empiezo—dijo Rosenda poniéndose todo lo grave que podía,—por darte una noticia que no sé si será buena ó mala para tí... El amigo Bartolomé está en poder de la Socobio. Domiciana, que ha sufrido varias derrotas, saliendo como Doña Victorina con las manos en la cabeza, se ha quedado compuesta y sin novio... No pudo dar al galán lo prometido, que era el indulto, la rehabilitación y un ascenso, dos con pase á Cuba...

—¿Pero dónde está... dónde? Quiero verle y que me vea.

—No pienses en eso... Yo miro por tí más de lo que tú crees. Te contaré una escena, mejor dicho una conversación que ayer hubo

en Palacio. La sé como si la hubiera oído yo
misma. Eufrasia, que ahora no se separa de
la Reina... ya sabes que Su Majestad ha entrado en meses mayores: se espera su alumbramiento para Navidad... Eufrasia, digo,
en una sala que está junto á la galería, entre
el despacho de Su Majestad y la oficina donde trabajan los de Secretaría particular, se
enchiqueró con un General joven, muy nombrado, D. Juan Prim. ¿Le conoces? Da que
hablar porque es de mucho sentido, y marrajo, de los que dejan el trapo y van al bulto... Hace días echó en las Cortes un discurso tan fuerte que tembló todo el Ministerio,
y á D. Juan Bravo se le indigestaron los
chorizos. Pues entre otras cosas, dijo el hombre que hemos vuelto á los tiempos de *Carlos II el embrujado*, que nos están llenando
la nación de frailes y monjas, que no hay
libertad, y que este moderantismo es una
farsa para que se redondeen cuatro mamalones... No lo dijo así... En fin... pidió mil
gollerías, y declaró que él es partidario del
naufragio universal, de la libertad *disoluta*
de la imprenta, del *ateísmo libre*, y del ciudadáno libre, ó del respeto al individuo *suelto del derecho particular*... vamos, que no sé
decirlo... Pues por este discurso y por lo mucho que se merece el señor de Prim, Conde
de Reus, se le tiene miedo, y se determinó
mandarle á Puerto Rico... Como te digo, trató de ver á la Reina; no pudo ser, por causa
del estado... Hizo por Eufrasia, que le recibió en aquella salita, y allí le estuvo ponien-

do varas, y él tomándolas... que si ella es
lista, él se hace el blando para pegar más
fuerte. Estas varas de que te hablo no son
cosa de amores, no vayas á creer, sino de
política. Prim, asegurando que dará la vida
por la Reina, amenazaba con tramar una revolución, si no se entra por el camino libre,
y no se da carpetazo á ese proyecto... tú lo
sabrás, eso que llaman golpe de Estado...
que es dar un bajonazo á la Constitución, y
arrastrarla con las mulillas... Eufrasia, diciéndole que eso del golpe de Estado no es
más que conversación de Puerta de Tierra,
trató de traerle al bando Narvaísta... Prim
hacía *fu*... decía que esto de mandarle segunda vez á Puerto Rico es una partida se-
rrana; pero que irá para que no se diga. Entonces la Socobio le echó mucho incienso al
Conde: le dijo que la Reina estima su valor y su lealtad, y que cuenta con él para
una combinación progresista en cuanto tenga tiempo y ocasión de desentenderse del
moderantismo, polaquería, ó como se llame.
Y luego de pasarle todas estas lindezas por
los morros, le pidió al General un favor... y
aquí entra lo que á tí te interesa... el favor
consistió en que pidiese al Ministro de la
Guerra el pase á Puerto Rico del Capitán
Gracián, no sé si como ayudante ó como agre-
gado al Cuartel General. Prim dijo que con
mil amores lo haría, y despidiéndose, tomó
soleta.

—¡A Puerto Rico!—exclamó Lucila levantándose de un brinco, y despidiendo lum-

bre de sus lindos ojos.—Yo con él... Me llevará... Quiero verle, Rosenda, quiero verle... Haremos las paces... se olvidará todo; le perdonaré...

—Eh... ¿qué es eso? Yo no he de permitir que hagas ningún disparate, ni que se te malogre el matrimonio, que ha de hacerte feliz, libre. ¡Cigüela, chiquilla mal criada y sin juicio!, si una amiga pérfida te metió en tantas amarguras, de ellas te sacará otra amiga que no es pérfida, sino leal, y sabe mucho... Siéntate, y no hables de irte á Puerto Rico, pues para tí no hay más Puerto Rico que la Villa del Prado...

—Déjame que disparate, y que me ciegue y me trastorne. ¿Quién te asegura que la vida feliz viene por el lado juicioso?—dijo Lucila, en pie, desconcertada.—Debemos obedecer al corazón... que nunca nos engaña.

—¿Y si te dijera yo que nos engaña casi siempre? Toma ejemplo de mí, que he sabido dar de lado á los loquinarios y cabezas de motín, haciendo por los hombres de peso... ¡Y tú que vas á casarte con un viejo rico, tú que te has sacado el premio gordo de la Lotería, hablas ahora de tirarlo por la ventana, porque te lo manda el corazoncito!

—Pues si no me dejas hacer el disparate gordo, déjame que hable con esa señora de Socobio, y le diga...

—¿Qué has de decirle tú, bobalicona?... No te haría maldito caso... Para hablar con ella tendrías que ir á Palacio, donde está casi siempre.

—A su casa iría yo... A Palacio no voy por nada de este mundo.

—¿Ni por Tomín?

—Por Tomín quizás...

—¿Y por qué tienes ese horror á Palacio si no lo conoces?

—¿Que no lo conozco?—dijo Lucila sentándose de nuevo junto á la copa.—Como tú tu propia casa... ¡Ay, Rosenda! tú no has vivido en la *Casa Grande*, yo sí. Con los ojos cerrados subo y bajo yo por todas sus escaleras, y me meto por todos sus pasillos, y voy de sala en sala, como no sean las que habitan los Reyes. Conversaciones como esas que me has contado entre la Eufrasia y el General Prim, he oído yo muchas, porque también yo, aquí donde me ves, he sido un poco duende... á mí me han puesto escondidita entre cortinas para que oiga las conversaciones, y he llevado y traído recados con cifra... Y para que acabes de convencerte de que he sido algo duende, y de que lo soy todavía... ¿quieres que te adivine una cosa?

—¿Qué...?—murmuró Rosenda entre risueña y asustada.—Adivina lo que quieras.

—Pues te digo que hoy, aquí, hablando contigo he descubierto quién es la persona que te favorece... Tú me has dicho que el nombre de esa persona es un secreto... Yo me lo guardaré; yo te aseguro que por mí no se sabrá. Te diré tan sólo cómo lo he adivinado. He visto aquí una sombra de ese sujeto, una sombra no más.

—¡Qué dices, mujer!—exclamó asustada

la Capitana, mirando á las paredes, creyendo que había, por descuido, algún indicio personal, retrato tal vez.

—No te asustes, Rosenda—dijo Lucila risueña:—la sombra la he visto en tí, en tu voz... ¿Por qué empleas ahora una porción de términos de toros, que antes no te oí nunca?... Es que ahora tienes cerca de tí, oyéndola sin cesar, á persona que habla con esos terminachos, y á esa persona la conozco yo. Pero mi adivinanza no es completa... Son dos hermanos que se parecen en la figura, y más en el modo de hablar. Uno de los dos tiene que ser. Con que... ¿he acertado?

—Acabaras—dijo la Capitana soltando también la risa...—Tienes razón... se me ha pegado... Vaya, pues sí... es uno de los dos hermanos. Aciértame ahora cuál.

—Ayúdame tú un poquito. Los dos son cazurros, beatos, rezadores, esquinados, y muy amigos de meterse en lo que no les importa. De cara ninguno de los dos es bonito; de cuerpo allá se van. Sólo se diferencian en que el uno bizca un poco de los ojos y el otro un mucho de los pies... quiero decir, que anda como los loros...„

Rompió á reir la maliciosa Rosenda con toda su alma, y entre las risas pudo decir á borbotones: "Ese... ese... el que pisa como las cotorras... con los pies así... para dentro... ¡Ay qué gracia me ha hecho!

—Acerté: D. Francisco Tajón. Luego te daré señas que... no son mortales, pero pudieron serlo.

—Cuidado, chica, que no quiere que se sepa...

—Descuida. Pues ese señor me conoce, lo mismo que su hermano. Háblale de mí, y te dirá si sé yo andar por Palacio... si conozco los enredos y el laberinto de aquella casa. Déjame que te cuente: de esto hace tres años, y fué en una de las épocas de mi vida que recuerdo con más disgusto. Llegué á Madrid con mi padre y mis hermanos pequeños, muertos todos de miseria y en el mayor desamparo, sin más esperanza que una carta de recomendación para la monja Sor Catalina de los Desposorios. La carta era de un caballero muy cumplido á quien conocimos en Atienza. Pues la monjita fué nuestra salvación: por ella colocaron á mi padre en la mayordomía de los Lavaderos del Príncipe Pío.

—Sí, sí, que eran del Sr. Infante D. Francisco... Administrador, D. Enrique Tajón, el hermano mayor: son tres hermanos.

—Tres. El D. Enrique se parece poco á los otros dos... Pues sigo: mes y medio estuvimos allí. Luego llevaron á mi padre al servicio de los Escolapios de Jetafe, y á mí á Palacio, al servicio del Sr. D. José Tajón.

—El que bizca de los ojos.

—Casado él, empleado en la *Etiqueta*. Con su esposa y dos hijos, de los que yo era niñera, vivía en el piso segundo, subiendo por la escalera de Cáceres, primer cuarto á mano derecha. Todo lo que diga de lo buena que era la señora, es poco; todo lo que diga de lo falso, enredador y embustero que era él, sería no decir nada. ¿Te incomoda que hable de estos señores con tanta libertad?

—A mí no. Despáchate á tu gusto.

—Respetaré á tu D. Francisco, que también es de encargo, loco por los toros, loquito por las hembras, en privado, que en público no hay mojigato que le gane en hacer zalemas delante de un altar...

—No me hagas reir, mujer—dijo Rosenda, más movida á regocijarse que á incomodarse.—Estoy en que exageras un poquito. Tu tirria contra los Tajones es señal de que te hicieron algún daño.

—Quisieron hacérmelo, sí... Les aborrezco porque no tenían miramiento para una muchacha sola y sin defensa de padre ni hermanos. Los dos quisieron abusar de mí: fácilmente podía yo defenderme de D. José, amparándome de la señora y de los niños; pero el D. Francisco, que, como sabes, está separado de su mujer, me dió más guerra y cuidado mayor, porque me llevaba con engaños á éste ó el otro lugar apartado, de los muchos que hay en aquella casona. Una tarde me ví tan á punto de perdición, que para salvarme no tuve más remedio que agarrar un candelero de bronce que á la mano encontré, y darle con él en semejante parte de la frente. Le pegué con tanta gana, que el hombre perdió el conocimiento, y marcado quedó para toda su vida...

—¡Ay! no me hagas reir... Sí, sí: la señal del candelero tiene en la frente, aquí... en el

17

sitio del asta derecha... ¡Qué risa! Me dijo que aquel golpe fué de una caída que dió en la sacristía de la Encarnación, estando subido á una escalera para ponerle á San José vara con azucenas naturales... No es mala puya la que tú le pusiste...

—Yo también me río... Bueno es que una se divierta un poco después de tantas pesadumbres... El pobre señor quedó escarmentado, y luego decía: "¡Vaya unos derrotes que me gasta esta novilla!„

—Saladísimo... Adelante.

—Por haberme hecho Dios bien parecida, cuantos hombres había en Palacio se propasaban, créelo. Todos me adoraban, todos me hacían mil embelecos, todos me largaban declaraciones, todos por de pronto querían fiesta... En fin, que yo era buena, y muchos me tenían por mala... Si supiera yo distinguir bien los uniformes, te diría todas las clases de hombres, desde señores á criados, que se emperraban en hablar conmigo. Pero nunca llegué á conocer por los cintajos y colorines los cargos de tanto farfantón. *Jefes de oficio* me escribieron cartitas, y también *Ugieres de Cámara* y de *Saleta; Llaveros* y *Porteros de banda* me tiraban besos al aire; un *Tronquista* me aseguró que se mataba si no le daba el *Sí;* un *Portero de vidrieras* y un *Delantero de Persona* hicieron lo mismo, y de rodillas se me puso delante un día uno á quien yo creí *Carrerista* vestido de paisano, y luego resultó que era *Sangrador de Cámara.*

—Pues, hija, no estarías poco orgullosa.

—Dí que me tenían mareada y aburrida. Sigo mi cuento. Pues verás: mi amo el señor Tajón, D. José, andaba en aquel estúpido enredo, que luego se llamó del *Relámpago*, y á mi padre y á mí nos traía de correveidiles, cursando las órdenes. Dentro de Palacio fuí yo cartero, espía, soplona; me mandaban á charlar con las azafatas, en sus ratos de descanso, para saber quién entraba en las habitaciones Reales á las horas que no son de entrada, y quién salía cuando no se debe salir; me obligaban á esconderme detrás de un tapiz ó entre roperos para escuchar conversaciones... Y luego encomiendas y recados en la calle, por ser yo quien con mayor disimulo podía llevarlos. ¡Hala! á la Escuela Pía de San Antón, á San Ginés, con cartas para el coadjutor, á una casona de la calle de Fuencarral, á la zeca y á la meca, vestidita de moza de rumbo, y con dinero para alquilar una calesa si me cansaba... También iba al Convento de Jesús, y de allí traía entre dulces alguna carta bien disimulada... Un día, fíjate en esto, que es lo más gordo, y la más fea acción que por mandato de aquella gente tengo sobre mi conciencia... habían enviado las monjas carne de membrillo dentro de una tarterita de plata. Al disponer la tartera para devolverla, me llamaron los hermanos Tajón y una camarista, nombrada, si no recuerdo mal, Doña Candelaria, y llevándome á un cuarto que está en la galería principal, como se entra al comedor de ordinario, me dijeron que llevase al Convento la tartera... Envuelta la ví en un paño de damasco, como solía venir. La descubrieron y destaparon para que yo viese que estaba vacía... Luego, el Sr. Tajón, D. José, sacó del bolsillo un paquetito forrado en papel y cruzado con cintas verdes. Abultaba como un libro pequeño. Díjome que me guardara en el seno el paquetito. La camarista, que como mujer podía meter la mano donde meterla no pueden los hombres, me desabrochó y colocó el paquetito muy bien acomodado entre mis pechos, de tal modo, que luego de abrochada no se me conocía el contrabando. Hecho esto me leyeron bien la cartilla. Yo tenía que ir al Convento á llevar la tartera, y al entregarla en el torno pediría ver á Sor Catalina de los Desposorios. Se me abriría la puerta, y una vez en presencia de la *Madre*, en manos de ésta pondría lo que yo en mi sagrario llevaba. La *Madre* me daría otra vez la tartera con algo dentro, que era como señal ó recibo de la llegada feliz del embuchado. Volví á Palacio con la tartera llena de tocino del cielo, y los Tajones, que me aguardaban con el alma en un hilo, me felicitaron y diéronme cinco duros.

XXIX

—Duendecillo, ¿querrás hacerme creer que no supiste lo que llevabas?

—No lo supe. Verás: al caer de aquella tarde, cuando no hacía una hora que yo había vuelto con la tartera llena de tocino del cielo, el Sr. Tajón me mandó á Jetafe para que allí estuviese con mi padre hasta que se me ordenara venir. Mucho me dió que cavilar tal determinación. ¿Será por esto? ¿será por lo otro? Yo sospechaba... algo veía yo; pero nada con claridad. Pues señor: viene de repente el gran tronicio de aquella mojiganga que llamaron del *Relámpago*... Empiezan á prender gente, y los primeritos que caen son mis señores y el tuyo, y me los mandan desterrados qué sé yo dónde. Mi padre y yo nos vimos perdidos, porque á los Escolapios de Jetafe no les llegaba la camisa al cuerpo, temiendo que allá podría llegar la quema... A Madrid nos venimos. Mi padre se escondió en casa de unos boteros amigos suyos de la calle de Segovia; yo, no sabiendo qué hacerme, pues á Palacio no había de volver ni atada, pensé que no hallaría refugio mejor que el Convento, y allí me metí... Ya te contaré otro día mi vida en *Jesús*, donde la mayor desdicha fué hacer mi primer conocimiento con esa perra *boticaria*... Hoy, por completar esta historia

mía palaciega, bien triste, te diré que en el
Convento, andando días, supe que la noche
del *tocino del cielo*... así marco yo aquella fecha condenada... hubo en Palacio rebullicio
y mucho miedo, del cual nada me tocó, gracias á Dios, por estar yo en Jetafe... Por orden del señor Mayordomo Mayor se regis-
traron muchas viviendas del piso segundo...
Porteros y azafatas, y hasta damas fueron
registradas, obligándolas á enseñar el pecho
y á levantarse las enaguas, mismamente
como registran á las cigarreras al salir de la
fábrica, por si se llevan tabaco escondido...

—Ya era tarde para esos registros... ¡ay
qué risa! Hija, para contrabandista no tienes
precio.

—Te lo aseguro, Rosenda: no supe lo que
llevaba... pienso que no sería cosa buena.
Déjame que suspire un poco. El recordar mi
vida de Palacio me pone aquí un peso, una
opresión...! Nunca he sido más inútil que en
aquel tiempo; nunca me he sentido más sola;
nunca me han aburrido tanto las máscaras,
pues máscaras me parecían cuantas personas
traté en aquella casa... Tanto me amarga
este recuerdo, que no he contado los lances
de aquella mi vida boba más que á dos personas: á Tomín, á poco de conocerle, y hoy
á tí. A la *boticaria*, nada ó muy poco de
esto le conté, porque con esa maldita nunca tuve yo verdadera confianza... siempre
la temía, siempre de ella desconfiaba... No
sirvo yo para esa vida de los palacios grandes, grandes... Las personas me parecen figu-

ras que han salido de los tapices, y que hablando y moviéndose siguen siendo de trapo... En todo no ves más que vanidad, mentira, y todo se te confunde y se te vuelve del revés; llegas á no saber si los criados parecen señorones ó los señorones parecen criados.

—¡Quita allá, tonta...!—dijo la Capitana con franco regocijo.—Cada una debe mirar por su adelanto... Pues á mí me gustaría meterme en esa vida. Para eso he nacido yo, para vivir con suposición entre personas encumbradas, para pasar el rato curioseando, viendo lo que se traen éstos y los otros, y poniendo mis manos en cualquier enredillo.... Verían en mí un capeo superior... Pronto me buscarían para las suertes de más cuidado.

—No te compongas, Rosenda. Tu Don Paco no te llevará á la *Casa Grande*, si antes no enviuda y se casa contigo.

—Es de la Cofradía del *Qué Dirán* y de la santísima Opinión.

—¡Quién les había de decir á los Tajones, cuando los desterraron, que pronto habían de volver á sus puestos y á sus intrigas!— dijo Cigüela cavilosa.—Esto prueba que en esa casa no hay idea de justicia, ni formalidad para nada. Sólo una persona sería justa si la dejaran, y es la Reina; pero no la dejan: la tienen metida en un fanal pintado de mentiras para que no vea la justicia ni la verdad. Así anda todo...„

Cayó en tristes meditaciones, de las que con trabajo la sacó su amiga. "Ya ves tú si soy desgraciada—dijo la pobre mujer suspirando.—Ni en Palacio hay justicia, ni yo me veo con fuerza para entrar en busca de ella. ¡Valiente caso me harían!... No hay salvación para mí.

—Todo es posible, querida mía—le dijo Rosenda,—si sigues por el caminito que yo te señalo. Lo primero, casarte, antes hoy que mañana... después estableceros en Madrid; después libertad...

—¡No, Rosenda, no hay libertad que valga, ni casorio, ni nada de eso!—exclamó Lucila en una erupción repentina de su pena latente.—Yo no me caso... No puedo, no quiero engañar á ese buen hombre... Prefiero la miseria, y todos los males que pudieran venir sobre mí.„ Se levantó, y con las manos en la cabeza recorrió la estancia con incierto paso, diciendo: "Que no me caso, que no, que no... Pues Tomín está vivo, tengo que consagrarme á buscarle... Has de decirme pronto si es D. Francisco Tajón quien le ha visto, y dónde, y has de decirme cuándo saldrá Tomín para Puerto Rico... Tú sabes más, más de lo que me has dicho, Rosenda; te lo conozco en la cara, te lo leo en los ojos...

—Si quieres que yo sea tu amiga—dijo la otra, que para sosegarla fué tras ella, y la enlazó del brazo, —no me pidas cosa ninguna contraria á lo que creo tu bien. Y no vuelvas á decir disparate como ese de "no me caso„, porque... Ya sabes que gracias á Dios soy de caballería; y que las gasto pesadas... Con que... ándate con tiento.

—Dime dónde está Tomín; dímelo pronto—exclamó Lucila, con todo el brío de voluntad que su renovada pena le daba.—Mira, Rosenda, que yo, gracias á Dios, soy de artillería; mira que no veo, que no puedo ver nada por encima de lo que es mi pasión, mi sér, mi vida... Dímelo pronto.

—No quiero; no sé nada... A ver quién puede más.

—Rosenda, no eres amiga—gritó Lucila alzando la voz con tonos iracundos,—ó lo eres también falsa y traidora, como la *boticaria*... Si no me contestas á lo que te pregunto, hablaré con el Sr. Tajón.

—¿Sí...? Me parece bien—replicó Rosenda, que ideó desarmarla con un chiste.—Pero ven prevenida: tráete un candelero de bronce... para igualarle el testuz, marcándole el sitio del pitorro izquierdo...,

No producía Rosenda con su humorismo todo el efecto que buscaba; pero algo se amansó Lucila oyendo aquellos disparates. "No bromees—le dijo,—que esto es muy serio., Insistió la moza, con la terquedad de los enamorados, tan parecida á la de los locos. No pudiendo la otra calmar su ansiedad con negativas, se formó rápidamente un plan de respuesta que al propio tiempo satisficiera los anhelos de su amiga, y la desviara de la torcida senda. Mujer de cabeza ligera, ó si se quiere ligerísima, desmoralizada y sin otra mira ya que ir derivando su frivolidad hacia el positivismo y el vivir rega-

lado, no era mala persona en el fondo, y su viciada naturaleza ocultaba un corazón bueno. Viendo cuán fácilmente se levantaban en el alma de su amiga las llamas del mal extinguido incendio, sintió pesar de haber atizado el fuego con la noticia referente á Tomín. La mejor enmienda de su error no era desmentir ó retirar lo dicho, sino agregarle alguna caritativa falsedad que á la buena moza le quitara el gusto y la intención de arriesgadas aventuras. Como Domiciana, levantó un artificio lógico, pero con idea benévola y mirando al bien de la infortunada mujer. "Pues te empeñas en saberlo,—dijo —en Palacio está el hombre, con destino, que ahora no recuerdo; pero me informaré... Ya ves que allí es mayor locura que en parte alguna pretender cogerle, como se coge un perrito extraviado, y llevártele contigo. Piensa en los estorbos que allí te saldrán, en el sin fin de personas odiosas y antipáticas que encontrarías."

Calló Cigüela, vencida de estas razones, y su dolor, imposibilitado de manifestarse en actos, se condensó en lo íntimo... A los sollozos, siguió un llorar ardiente, sin tregua. Rosenda la consolaba, ya con nuevas razones, ya con cuchufletas... "Si quieres, cambiamos: dame á D. Vicente con Tomín detrás de la cortina, y yo te doy á mi D. Paco con su pisar de loro...

—¿Ves, ves lo desgraciada que soy?—decía Lucila cuando el llanto le permitió el uso de la palabra.—A donde quiera que voy,

Dios me dice: "alto; de aquí no se pasa„...
Dos caminos tengo: ó matarme ó casarme...
No sé cuál es peor.

—Yo no vacilaría... Me casaría primero...
y después á pensar en matarme... pero sin
prisa, que estas cosas deben hacerse después
de bien maduradas...

—Pero antes de casarme ¿no te parece que
debo dar algunos pasos, á la calladita, por
ver de ponerme al habla con Tomín?... ¡Le
escribiré una carta!

—¡Escribirle! — contestóle Rosenda con
buena sombra.—No es mala idea; pero debes aguardar á que tu maestro te enseñe la
letra bien clara y la perfecta ortografía...

—No te burles... ¿Y no será fácil cogerle
cuando salga para Puerto Rico?... Todo está
en averiguar la hora de salida, y... Pero nada
de esto puedo hacer sin que me ayude alguien...„

Interrumpidas por Ansúrez, que brusca-
mente llegó, las dos mujeres callaron. Lucila limpió sus lágrimas, mientras Rosenda
se enteraba de los recados que traía el buen
celtíbero.

Despachó éste en cuatro palabras, ávido
de desembuchar las graves noticias que de la
calle traía. "Prepárense—les dijo en el tono
solemne que usaba,—para saber del grande
suceso que á estas horas va retumbando por
todo el mundo, de pueblo en pueblo. ¿Están
preparadas? Pues oigan: El Sr. D. Luis Napoleón, que era, como se dice, Presidente de
la República de los franceses, ha dado un

puntapié á la Constitución de allá, y se quiere nombrar á sí mismo... aciértenlo... pues Emperador de la Francia... que és como ser sucesor del otro Napoleón, que fué *Primero*... y lo que yo no entiendo es que no habiendo tenido *Segundo*, tengan ahora *Tercero.„*

Oyó Lucila con desprecio la noticia, pues maldito lo que le importaba que cayesen Repúblicas y se levantaran Imperios; pero Rosenda, á quien algo se le alcanzaba de tales cosas, dijo que si el Sr. Ansúrez no venía bebido, y era verdad la especie, ello era muy grave, y traería cola...

"¡Cola!—exclamó Ansúrez.—Tan grande será, que por mucho que arrastre, no le veremos el fin. En la Puerta del Sol, junto al Principal había tanta gente que aquello parecía el pregón de la Bula, y en los corrillos leían un parte escrito que ha venido de París por los signos de las torres, el cual dice que Emperador es ya el caballero, ó lo será pronto, porque falta todavía el requisito de ser votado por toda la plebe de Francia... Según lo que por ahí corre, es ahora seguro que vuelve á mandarnos el de Loja, quiéranlo ó no Palacio y las monjitas, porque el Napoleón, D. Luis, es gran amigote de Narváez... como que á comer y cenar le convidaba todos los días, y andaban siempre de bracete por los paseos y *bolivares*... Esto se dice, y si es verdad, yo me alegro, porque ya se va poniendo esto muy al son de la clerecía. Bueno es que se muden las tornas, y cambien las aguas, para que lo seco se moje y lo mojado se seque; bueno será que se limpien muchos comederos, y se llenen otros que há tiempo están vacíos...

—¡Ay! no, amigo Ansúrez—dijo Rosenda con cierta inquietud:—deje usted los comederos como están... ¿Pero se dice por ahí que tendremos trastornos?

—Y tales serán que lo alto se suba más, y lo bajo se precipite hasta los profundos abismos; pues sabido es que cuando Francia estornuda, España dice *Jesús*, como que las dos naciones están tan unidas por fuera y por de dentro como la nariz y la boca... En fin, señora, ya sabe lo que ocurre, y mi hija y yo nos vamos, que es hora ya de tocar á retirada.„

Despidióse Lucila de su amiga y partió con su padre, abatida, silenciosa, llevando en sí algo para ella de más peso y magnitud que el nuevo Imperio que á punto estaba de levantarse. Recorrido habían ya largo trecho, cuando Lucila, parándose, dijo al *celtíbero:* "Padre, cuando yo estaba en el Convento, siempre que venían noticias de alguna trifulca en Francia, decían las *Madres:* esos demonios de franceses nos van á traer acá un cataclismo.„ Usted, que con su talento natural ve tan claras todas las cosas, dígame: ¿cree que habrá en España cataclismo?

—Hijita, deja que pueda hacerme cargo de lo que resulte en la Francia de ese voto que ha de dar la plebe. El echar á rodar Na-

poleón el Trono de la República, para poner
las gradas del Imperio, quiere decir que no
se quieren las pasteleras libertades... ¿Pues
qué hará en vista de esto el Progreso...? Sacará clavos con los dientes antes que humi-
llarse... Veremos, y vengan días, de donde
podamos sacar el juicio de las cosas.

—Porque yo quiero que haya cataclismo,
padre, mucho cataclismo; que los injustos
caigan y sean pisoteados por los sedientos
de justicia; que los que cometieron trope-
lías sean hechos polvo, y que los buenos se
alegren. Justicia quiero, y habiendo justicia
habrá paz. ¿Esto cómo se llama? ¿Se llama
República; se llama *Imperio?„*

XXX

El efecto que causó en el alma de Lucila
la noticia, dada por Antolín de Pablo, de
que Halconero llegaba, lo más tarde, al cabo
de dos días, fué de verdadera consternación.
¿Por qué volvía? ¿No era mejor que se que-
dase por allá?... La prometida esposa se con-
turbaba con la idea de verle, y metiendo su
exploradora mano en el corazón, tocaba frialdad, aborrecimiento. Del anunciado regreso
de D. Vicente la consolaba la idea y presunción de que á su llegada hubiese un poco de
cataclismo.

A su padre, que á verla iba diariamente,
le dió un interesantísimo encargo: "¿No tie-

ne usted conocimientos en el Ministerio de
la Guerra? ¿No conoce á un cabo que está en
las oficinas?... ¿Sí? Pues averígüeme... ello
es muy fácil, padre, y hasta los gatos del Ministerio deben saberlo... averígüeme cuándo sale el General Prim para Puerto Rico.

—Va de, Capitán General; le embarcan
porque se pasa de valiente... Es, según se
dice, hombre de mucha idea...

—Y eso es lo que estorba.

—No sé por qué. Yo tengo mucha idea,
y no me mandan á ninguna parte.

—Porque no temen á los humildes. El
reino de los humildes está muy lejos.

—¡Y tan lejos...! Ni aunque uno se suba
encima de los encumbrados puede alcanzar
á ver dónde está ese reino.„

Llegó Halconero: viéndole y tratándole,
se calmó la fiebre de Lucila, y las aberra-
ciones disparatadas de sus sentimientos. No
le aborrecía, ¡pobre señor! ¿Cómo aborrecer
á quien le había hecho tantos beneficios, y
aún mayores é inapreciables se los prometía? Gustoso de aprovechar el tiempo en la
Villa y Corte, Halconero fué á visitar el nuevo Congreso, llevando por delante, naturalmente, á Lucila y Eulogia, bien apañadi-
tas. Habíale dado las papeletas el Sr. D. Ma-
tías Angulo, diputado por Navalcarnero, como él propietario rico y persona sencilla y de
las mejores intenciones así en política como
en todo. En la admiración de aquel lujoso
monumento elevado á la Soberanía Popular,
pasaron los tres una mañana, y desde los sa-

lones de Sesiones y de Conferencias hasta
la Biblioteca, salas para Secciones, taquígra-
fos, etcétera, nada se les quedó por examinar. Admiraba Eulogia con preferencia las
ricas alfombras, Lucila los altos techos con
pinturas, y D. Vicente perdía el tino ante la
profusión de terciopelo encarnado... Visita-
ron asimismo el *Museo de Artillería* y la
Historia Natural, y no continuaron por
otros barrios de Madrid su instructivo zaran-
deo, porque Lucila se resistió, sin dar de su
negativa razones claras, á visitar las *Reales
Caballerizas* y la *Armería Real*... Se fatigaba, se le iba la cabeza, según dijo... Pensando que el teatro la distraería más que los
Museos, propuso D. Vicente ir á ver *la
Adriana*, obra muy hermosa de la que se
hacían lenguas cuantos la habían visto. Re-
presentábase en los *Basilios*, y era el éxito
mayor de la temporada corriente. En efecto: allá fueron una noche, y no puede des-
cribirse la emoción de los tres ante el interesante drama; con el río de lágrimas que
derramaron las mujeres, competían los pu-
cheros del hombre, queriendo echárselas de
valiente. A Lucila le llegó al alma el caso
de la pobre cómica, tan bien representada
por *la Teodora*, á quien envenena una prin-
cesa su enemiga (que también era un poco
boticaria), con el simple olor de un ramille-
te. Le pareció la comedia cosa real, y la emoción duró en su alma muchos días.

Siguió á esto un período de compras, en
las cuales nada se hacía sin que Lucila die-

ra su *exequatur*, previo examen de las cosas.
De tienda en tienda iban los tres; mirando y
escogiendo lo que se diputaba mejor dentro
de la modestia, adquirió Halconero cama de
matrimonio, de bronce dorado, según los
mejores modelos de una industria moderna,
y colchón *de muelles elásticos*, que eran última novedad. Tras éste tan necesario y
útil mueble, se compró un espejo grandeci-
to, un juego de reloj y floreros, un velador-
cito *maqueado*, vajilla de porcelana, y juego de café, con maquinilla de reciente in-
vención para hacerlo en la misma mesa.
Con estos goces inocentes de preparativo
nupcial estaba el buen señor en sus glo-
rias. Antes de Navidad partió para su pueblo, dejando determinado que volvería después de Reyes, *ya para casarse*. La boda
sería entre San Antón y la Candelaria.

Ansiosa de sostenerse inexpugnable ante
los arrebatos de su propio corazón enamorado, Ciguela no salía mas que para oir misa,
en San Andrés, y se propuso no volver á
poner los pies en casa de Rosenda. No avi-
niéndose ésta con el desvío de su amiga, fué
á verla, mostrándose en la visita como la
misma discreción y la prudencia en persona.
A pesar de no encontrarse presente Eulogia,
la Capitana no nombró á Tomín, ni dijo cosa
alguna que con el perdido caballero tuviese
relación. No se atrevió Lucila á preguntarle;
pero leyendo en los ojos de Rosenda, enten-
dió que algo sabía ésta, y no quería decírse-
lo por no perturbar el ánimo de su amiga...

18

Lo agradecía, y al propio tiempo lo deploraba. Temía saber, saber ansiaba. ¿Cómo armonizar deseos tan contrarios? Cuando partió la maliciosa Capitana, la presunta esposa de Halconero se decía: "Me ha dado olor á sepulcros... En los ojos de Rosenda he visto una cosa que se parece al último renglón de un libro triste... Ya veo claro. Tomín ha salido para Puerto Rico... ¿Y dónde está ese condenado Puerto Rico? De aquí allá ¡cuántas llanuras y montañas de agua!„

Esta idea embargó su ánimo por muchos días, idea de duelo, seguida de efusiones dolorosas de un cariño inextinguible, que derivaba hacia las esferas de Ultratumba; porque en verdad, ¿qué cosa más parecida á la muerte que un viaje á Puerto Rico? Y la cantidad de agua que entre Tomín y su amada se extendía, era la expresión más sensible del infinito de la ausencia. Lloraba Lucila sobre aquellas turbias aguas, que se movían con ritmo y balanceo semejantes al navegar de las almas de este mundo al otro... En tal situación de espíritu, consolándose con el desconsuelo, y meciéndose en lo infinito, sorprendieron á la infeliz mujer sucesos de interés general, y otros de su particular incumbencia. El feliz parto de la Reina, con público regocijo, fiestas, iluminaciones, no fijó tanto su atención como las cuatro palabras que le dijo el buen Ansúrez una tarde: "Querida hija, por fin te traigo despachado el encargo que me diste, y es que... tocante á la fecha de salir para Puerto Rico el señor General Prim, no hay fecha ninguna, porque el señor General ya no va á Puerto Rico.,,

Palideció Lucila. Por las inmensas aguas no iba Tomín. ¿Pero quién aseguraba que no fuera más tarde, con otro General, solo tal vez?... Examinando probabilidades, en sombría cavilación, vino á parar en que todo era posible y todo imposible. No prestó atención á las lamentaciones de su padre contra el clérigo Merino, que no acababa de arrancarse al ofrecido préstamo, bien porque no hubiera realizado la cobranza del crédito antiguo, bien por marrullería y ganas de fastidiar. Esta última versión le parecía razonable, pues de sus conversaciones con él, en los solitarios paseos por la *Tela*, había sacado la presunción de que era D. Martín hombre cerrado á la benevolencia y malo de por sí, amigo de martirizar: el único deleite de sus ojos era ver el ajeno sufrir, y ninguna música le gustaba como el rechinar de dientes del hombre desesperado... Sin llegar á la desesperación, Ansúrez deploraba que estando tan cerca el matrimonio de su hija, no pudiera él festejarlo con tienda abierta, para que se dijese que el padre de la novia era un comerciante establecido en la calle de las Maldonadas. ¡Y que no haría poco servicio al Sr. Halconero anunciando la venta en comisión, y al por mayor, del fruto de sus feraces tierras!... Encomiando el rico *género*, todo Madrid diría: "¡Cebada de Halconero, huevos de Halconero, uvas de Halconero!...,,

En Navidad y en Reyes, vió Lucila á Rosenda, y en los ojos de ella, así como en su acento y actitudes, observaba la misteriosa reserva que traducida con buena voluntad al lenguaje corriente, quería decir: "Sé muchas cosas, pero las callo; mi deber es callarlas." Por la delicadeza y corrección que le imponía la proximidad de su boda, no se determinó á preguntarle. Nada podía sacar del reservado escondrijo que llevaba en su mente la Capitana, urraca codiciosa que escondía las ideas y noticias que á Tajón robaba... Pasó Cigüela en melancólicas dudas algunos días, y razonaba su estado anímico en esta forma: "No quiero más que saber, saber... ¿Se habrá muerto *Min*? ¡El silencio de Rosenda dice tantas cosas! Dice muerte, dice vida y nuevas traiciones... Ya doy en creer que el traidor es él, y para perdonarle, necesito saber la verdad... ¿Cómo he de perdonarle, si no sé...?" Hervían estas ideas en su mente, cuando se encontró de manos á boca con Ezequiel: ella salía de San Andrés, donde había oído misa, y él entraba con un gran manojo de velas... Requerida por el mancebo, retrocedió la moza, y sentada en un banco próximo á la puerta, esperó á que se desocupara de su carga para hablar con él.

"¿Qué querías decirme...? Cuéntame...

—¿No te has enterado de que Domiciana se ha ido á vivir á Palacio?... Allí la tienes de camarista suplente, con un sueldazo... Le han dado una habitación muy grande, subiendo por la escalera de Cáceres, el primer cuarto á mano derecha...

—Lo conozco, conozco ese cuarto. He vivido en él... ¿Y qué más?... No me tengas en ascuas... acaba pronto.

—Pues mi padre está cada vez peor de la vista.

—¡Pobrecito! Eso no me importa. ¿Se ha llevado tu hermana los muebles de tu casa?

—Algunos... Parece que le dan el cuarto amueblado. Se llevó, eso sí, manojos de hierbas, y los morteros, los filtros...

—Ya... en Palacio practicará la *botiquería*... ¿Y qué tal... tiene la casa bien puesta?

—No la he visto; lo primero que nos encargó fué que no pareciéramos por allá.

—¿Qué me dices, Ezequiel?

—¿Verdad que es una ingratitud...? Mi padre está muy triste, pero muy triste. Gracias que algunas tardes, en coche, viene Domiciana á verle, y con esto se consuela el pobre.

—¿Ha llevado tu hermana á su servicio la criada que teníais?

—¿La Patricia? Allá se la mandamos; pero la despidió más pronto que la vista... No quiere á nadie de nuestra casa. ¿Ves qué esquiva y qué testaruda? Ni que tuviéramos la peste...

—No conoces tú á tu hermana, *Zequiel*. Si os mantiene lejos de su nueva casa, y no quiere que vayáis á visitarla, será que allí esconde algo, algo que no debéis ver vosotros, ni nadie...

—Puede que tengas razón. De algún tiempo acá, todo lo que hace mi hermana es muy raro... Mi padre suele decir como rezongando: "Dios la perdone.„

—No la perdonará—exclamó Lucila con acento de ira, olvidándose de que estaba en la iglesia.—*Zequiel*, si me averiguas lo que Domiciana oculta en su casa de Palacio, te doy... no sé qué te daría. Pídeme lo que quieras...

— Lucila, sabes que te quiero mucho. ¿Qué no haría yo por tí? Sueño contigo, y pienso que mi mayor felicidad sería tenerte sienpre á mi lado. El otro día, hablando de tí con mi padre, le dije que si ibas tú por allí, te dijese, como cosa suya, lo mucho que te quiero... Mi padre se echó á reir y me contestó con una frase que me lastimó mucho. Dijo, dice: "tú eres poco hombre para Lucila.„ Eso es faltarle á uno. Yo no seré todavía bastante hombre; pero voy siéndolo cada día más... Pues dime ahora qué tengo que hacer para averiguarte lo que deseas.

—Ir á la casa que habita tu hermana, en Palacio; entrar en ella atropellando por todo, registrar bien las habitaciones, ver, observar...

—Sí que lo haré, y á todo el que quiera estorbarme el paso, le daré un empujón... Pues déjame ahora que te diga lo que tienes que darme en pago de ese favor... El caso es que aquí no puedo decírtelo, porque estamos en la iglesia, y me da reparo... Salgamos á la calle, vámonos por la Costanilla, y te lo diré... Aquí siento más vergüenza que en la calle.„

Salieron. Lucila era una máquina que funcionaba insconsciente y con la mayor rapidez en todo lo que condujera á la satisfacción de su curiosidad. Al llegar al extremo de la Costanilla, entrando en la plazoleta de San Pedro, Ezequiel, que iba silencioso junto á su amiga, se paró, y más pálido que la cera de su taller le dijo: "Luci, yo pensaba pedirte... y perdóname si es desacato... pensaba pedirte por este favor... que me dieras un beso; pero ahora veo que es muy poco, Luci, es muy poco un beso: debes darme lo menos tres... ó cinco...

—Y más, muchos más—dijo Lucila ardiendo en curiosidad, y movida también á lástima intensa del pobre muchacho candoroso.—Si me traes la verdad que busco, te daré tantos besos como palabras necesites para contármelos, tantos como pasos has de dar de aquí á Palacio y de Palacio aquí.

—¡Ay, qué buena eres, y qué agradecido quedaré, Luci!—dijo el pobre chico casi llorando.—Iré corriendo. Pero... para que yo vaya con más ánimos, ¿por qué no me das uno á cuenta? Por ser el primero, ha de saberme... como el cuerpo de Nuestro Redentor, cuando uno comulga.

—Sí que te lo doy. Toma uno, toma dos, toma más...—dijo Lucila besándole, como besan las madres á los chicos para convencerles de que deben ir á la escuela.

—No más—dijo al fin Ezequiel embebecido y asustado.—Pasa gente... pueden fijarse, y si lo sabe el que va á ser tu marido... ¡Jesús!

—Pues ve pronto... yo te acompaño hasta la calle de Segovia... y en la subida de la Ventanilla, ¿sabes?... allí te espero... No, no... para que me encuentres más fácilmente, y no haya equivocación, te espero en las Monjas del Sacramento.

—Allí... Vamos, Luci.„

XXXI

Hízose todo conforme á programa. Media hora llevaba la moza de invocar al Santísimo, á la Virgen y á todos los Santos, con fervoroso rezo, para que en aquella terrible incertidumbre le concedieran el consuelo de la verdad, cuando vió entrar á Ezequiel. Venía muy abatido, la consternación y el miedo pintados en su angelical rostro. Con ansioso mirar le devoró Lucila, y como notara en él cierta dificultad para la articulación de la palabra, le sacudió el brazo, diciéndole: "Habla pronto, tontaina... ¿qué has visto?

—Nada—balbució el cererillo.—Siento no traerte... no poder decirte... Lucila, no me quieras mal porque no haya sabido... No pude, Lucila... Tú sabes qué genio gasta Domiciana... Llegué, llamé... Déjame que tome resuello. Del disgusto no puedo respirar... Pues...

—En fin —dijo Lucila á punto de estallar en cólera, —que no has hecho nada... que has sido un ganso, un idiota, un avefría...

—Déjame que te cuente... Abriéronme la puerta, y cuando yo estaba diciéndole á la criada que me abrió si podía ver á mi hermana, salió... ¿quién creerás que salió?

—¿Quién, quién, pavo del Paraíso?... Acaba pronto.

—Domiciana; y apenas había yo abierto la boca para decirle... lo que tenía que decirle, me la tapó con estas palabras que me dejaron yerto: "¿No te he dicho que aquí no tienes que venir para nada? ¿Harás alguna vez lo que yo te mando? ¿No comprendes que si te digo "Ezequiel, haz esto„, tu deber es callar y obedecerme?„ Y diciéndolo, me cogía por un brazo y me ponía de la puerta afuera... Yo no sabía lo que me pasaba.

—Vámonos de aquí—dijo Lucila, que se sintió leona, y temía que su furor estallara en el recinto sagrado. Agarró al mancebo por un brazo, y tirando de él, más bien arrastrado que cogido, le sacó á la calle. Torciendo hacia el Sacramento, Ezequiel proseguía: "Me despidió con un tira y afloja de palabras tiernas y de amenazas. "Hermanito mío, ¿qué más quisiera yo que tenerte siempre á mi lado? Algún día será, y ese día no está lejos... Esta casa no es mía, y no siendo mía, menos puede ser tuya... Vete corriendo por donde has venido, y que no te vea yo por aquí, mientras no se te llame... Adiós, y á casa... Anda, hijo, anda.„ Esto me dijo, y yo... Lucila, perdóname por no haber podido hacer tu encargo... Yo no sirvo, yo no sirvo para esto... No he cumplido, y debo devolverte los besos que me diste.„

Llegaban ya á la Plazuela del Cordón. Despechada Lucila y fuera de sí, viendo que el cererillo aproximaba su rostro al de ella en ademán de besarla, le rechazó con vigoroso empujón, diciéndole: "Sinvergüenza, vete de ahí... Déjame, pavo de agua... ¡Vaya que atreverse...! ¡Si te ve mi marido...! ¡no era puntapié...!„

El pobre chico permanecía frente á ella, suspenso, afligido... Mirándola con inmenso desconsuelo, sus labios se plegaron, se llevó los cerrados puños á los ojos. "Echa á correr para tu casa, mostrenco—dijo la moza amenazándole con la mirada fulgorosa y con el gesto.—Vete, vete, si no quieres que te lleve yo por delante, sacudiéndote el polvo de las costillas...„ Apenas dijo esto, y viendo la humildad y amargura del pobre muchacho, aquel noble corazón que fácilmente pasaba del arrebato fogoso á la piedad entrañable marcó un movimiento de compasiva aproximación al pobre cerero. "Hijo mío, perdóname— le dijo. — Como estoy tan rabiosa, he descargado contigo, que no tienes culpa... Vaya, no llores... Ya me pagarás los besitos otro día... Aquí no puede ser... Ya ves que pasa gente. Mira: dos señores sacerdotes. ¡Qué dirían...! Ea, á tu casa, y yo á la mía.„ Sin esperar á más razones ni cuidarse de si Ezequiel partía, se precipitó velozmente por la bajada del Cordón. Ciega y disparada, fué al taller de boteros donde trabajaba su hermano y vivía su padre, dejando á éste recado urgente de que se avistara con ella en su casa lo más pronto posible. Llamábale con premura sin saber claramente para qué. Su pensamiento desbocado saltaba de las resoluciones más lógicas á las más absurdas; y al propio tiempo, de su mente no se apartaban hechos y personas de grande valor en la vida de la infeliz mujer. La boda estaba próxima, pues corrían los últimos días de Enero, y aquel dichoso acontecimiento se había fijado para el 3 de Febrero, día de San Blas. Como el 3 caía en martes, y en ello no habían reparado D. Vicente ni Eulogia, seguramente trasladarían el casorio al miércoles 4. Todo esto pensaba Lucila camino de su casa, haciendo un tremendo revoltijo de las cosas positivas y las imaginarias. "Tengo que componer mi carátula —se decía,—para no entrar en casa tan sofocada. Debo de ir como un cangrejo; mis ojos serán lumbre... Subiré despacio esta cuesta, y luego, al llegar á Puerta Cerrada, compraré los clavitos dorados para colgar láminas, que me encargó Vicente, y compraré la cinta de seda y la cinta de algodón... ¡Buena se pondrá Eulogia si no llevo todo eso!... ¡Sabe Dios, sabe Dios si llegaré á casarme! Lo que puede suceder, en la mente de Dios está. Dios me depara mi venganza...„

Al entrar en su casa disimulando lo mejor que pudo su turbación, encontró á Don

Vicente con un sacerdote, su amigo y algo pariente, á quien había llevado con propósito de
presentarle á su futura. Era D. Francisco
Pradel, párroco de San Justo, que se mostró
con ella muy amable y le dió mil parabie-
nes. Ya la conocía de verla en su parroquia.
Al despedirse aseguró que sería para él muy
satisfactorio imponerles el santo yugo... Poco después, de las hidalgas manos del novio
recibió Cigüela un alfiler de pecho con cuatro
brillantitos y en medio un buen rubí, una
pulsera, pendientes con perlitas, y otras jo-
yas lindas y modestas. La gratitud y un temor que de lo hondo le salía inundaron de
lágrimas sus ojos. Halconero estuvo á punto
de llorar también. Lo que espantaba á Lucila era el miedo de ser ingrata... "Voy creyendo que soy un monstruo—se decía,—y
yo no quiero ser monstruo: Señor, justiciera sí, monstruo no.„

Con pretexto, ciertamente bien motivado,
de probar un cuerpo en casa de la modista,
salió al siguiente día con su padre, á primera hora de la tarde del sábado 31 de Enero. Llegando á la calle Mayor, junto á la Almudena, preguntó Ansúrez á su hija si no
sería conveniente, ya que de pasear se trataba, bajar á la *Tela*, donde estaría de fijo tomando el sol el amigo D. Martín. Entre los
dos le darían el último tiento. Contestó Lucila que había salido con el propósito de ir á
Palacio. Subirían al segundo piso, donde ha-
bitaban personas á quienes ella tenía que
visitar.

—¿Y tardaremos mucho?— preguntó Ansúrez un tanto receloso.

—Eso sí que no lo sé—replicó ella.— Podremos despachar en un santiamén, ó tardar mucho, según...„

Entraron en la Plaza de Armas, por el gran arco de la Armería: con paso no muy vivo, porque Ansúrez iba sin gusto y como si le arrastraran, recorrieron la línea entre el arco y la puerta lateral de Palacio. Vacilaba el *celtíbero;* su hija le cogió del brazo, y en esto, vieron á un señor que de la *Casa Grande* salía. Si ellos se quedaron como alelados mirándole, el señor, plantado en la puerta, les echó la vista encima con esa curiosidad arrogante y descortés de quien tiene por oficio atisbar las caras para descubrir las intenciones. Era D. Francisco Chico, que por la estatura no merecía tal nombre, viejo, seco y estirado, con patillas bordando la quijada dura, el pelo entrecano, la actitud como de perro que olfatea. Lo más característico de su rostro, lo que le hacía inolvidable para cuantos una sola vez le veían, era la chafadura de su nariz en el arranque de ella, señal indeleble de una tremenda pedrada que le dieron en Miguelturra, su pueblo, por querellas locales de pandilla. Perteneció D. Francisco al bando de los llamados *Valerosos,* y cumplía como campeón terrible: alguna vez, si á muchos pegó de firme, también hubo de tocarle la china. Del bandolerismo villanesco pasó á las gestas del contrabando, en tierra firme y

mar salada, y ya mocetón le metieron en la
policía de Madrid, donde llegó por su astucia y su valor indomable al puesto de jefe,
que desempeñó más de cuarenta años. Era
hombre terrible, de sagaz inteligencia para
tan ingrato servicio, y á los poderosos inspi-
raba confianza, como á los débiles espanto.
Llegó á ser al modo de institución, perso-
nificando los arrestos insolentes de la Seguridad Pública, y el odio con que el pueblo
pagaba las vejaciones justas ó arbitrarias
que sin cesar sufría.

Quedaron, como se ha dicho, suspensos
Lucila y su padre, sin atreverse á dar un
paso más, invadidos del terror que Chico infundía: avanzó éste hacia ellos con firme
paso, y en la forma destemplada que era en
él habitual interpeló al *celtíbero:* "Hola,
Jerónimo... ¿se puede saber qué buscas tú
por aquí?„ Volvióle Cigüela la espalda, y se
llevó las uñas á la boca para mordérselas.
Trémulo, descubriéndose, Ansúrez contestó:
"Señor, veníamos paseando, y como uno está
tan orgulloso de que nuestros queridos Reyes se alberguen en palacio tan magnífico...
nos llegamos á ver y admirar ese gran patio... Y como españoles que adoramos á
nuestra Reina, veníamos á visitarla y á
echarle nuestros homenajes. Triste pueblo
somos, y nuestros homenajes y visitas no
pueden ser otros que mirar desde la calle las
ventanas del cuarto donde mora la perla de
las Reinas.

—Anda, que pareces la cabeza parlante—

dijo Chico, requiriéndole, con el movimiento marcado por su bastón, á que siguiera su paseo por lugar distinto del patio. —Otro que mejor hile las palabras no conozco... ¿Y esta joven es tu hija?„ Volvióse Lucila hasta darle de cara, pero sin mirarle. "¡Pues no es la niña poco vergonzosa! Anda, ¿qué te han hecho las uñas para que así las maltrates y te las comas?... Bonita eres; pero no hagas mañas, que se te va toda la gracia... Paseen por la *Tela*, ó por la Virgen del Puerto, que aquí no se les ha perdido nada... Jerónimo, mucho cuidado conmigo; y tú, pimpollo, no andes en malos pasos, que voy y se lo cuento al amigo Halconero... ¡Largo!„

Con una mirada, que en Ansúrez infundía más ganas de correr que una carga de caballería, les echó hacia el arco grande. Al paso que tomó Jerónimo hubo de ajustarse Lucila. Miraron hacia atrás, y vieron al temido polizonte plantado en el propio sitio, atento al camino que seguían. "Es mi D. Francisco un águila para las intenciones—dijo Ansúrez medroso.—¿Qué se habrá creído ese prepotente?... Pueblo somos, pero pueblo honrado, y nada de más haría la Serenísima Señora Reina en permitir que nos llegáramos á su trono para besarle la Real mano.„ Abrumada bajo la fatalidad, que cruel, ó piadosamente, quién lo sabe, atajaba sus propósitos, Lucila no decía nada, y siguió á su padre hasta donde quiso llevarla; llegaron al Cubo de la Almudena, y andando, andando cuesta abajo, por un portillo derrengado pasaron á

una especie de alameda, cuyos árboles raquíticos, enanos y sedientos parecían incre-
par al sol con el gesto rígido de sus ramas
desnudas. El suelo blanqueaba de puro polvo. A un lado y otro, en trozos de sillería que
hacían oficio de bancos, se veían parejas de
soldado y criada, ó solitarios y melancólicos
paseantes. El sitio era desapacible, sin otros
encantos que el espléndido sol, y el despejado horizonte que mirando hacia la parte del
río, Casa de Campo y Sierra, se veía. Un
cielo claro, limpio, desesperante de exten-
sión azul sin accidente de nubes, coronaba
la tristeza luminosa de aquel gran paisaje,
del más puro Madrid.

"Mira, mira—dijo Ansúrez á su hija se-
ñalándole un bulto negro que subía, figura
tan escueta como los enfilados árboles:—
aquí tenemos al D. Martín de mis pecados.

—¿Y me trae usted aquí para ver á ese
viejo loco...?—dijo Lucila desolada, coléri-
ca.—Yo me voy, padre... ¿Por dónde salgo
de este páramo indecente, de este Infierno
de polvo?

—Aguarda, hija... Ya el Sr. Merino nos
ha visto. Viene hacia nosotros.„

Acercábase el clérigo despacio, impasible,
y su rostro adusto, pomuloso, no expresaba más que el desdén de toda criatura. Su
enorme sombrero de teja, chafado y mugriento, obscurecía sus facciones, dándoles
un tinte terroso, de adobes viejos caldeados
por el sol de cien años. Iba levantando polvo, que le blanqueaba los zapatos y los ba-

jos de la sotana. Recogía el manteo en el brazo izquierdo, y con el derecho hacía un pausado movimiento de sembrador. "Buenas tardes—dijo al ponerse al habla.—Yo bien.. ¿y en casa?... ¿Viene la moza de paseo?... Bueno. ¿Con que nos casamos, eh? Y con un hombre rico... No es mala suerte... Aprovecharse, que todo se acaba, y hombres ricos van quedando pocos.„ Contestó la joven con las palabras precisas para no ser descortés, y se sentó en un pedazo de sillería. Había muchos por allí de forma curva, como pedazos del brocal ó pilón de una destruída fuente.

No tenía Lucila gana de conversación, y hasta le enfadaba oir lo que los demás hablasen. No lejos de ella, en otro sillar, se sentó D. Martín; Ansúrez permaneció en pie; y creyendo ver en el clérigo disposiciones á la benevolencia, le instó á que de una vez se clareara, tocante al préstamo, para saber á qué atenerse. "A eso voy, á eso iba—replicó el cura extravagante;—pero antes os diré otra cosa. Ya sabéis... y con los dos hablo, hija y padre... ya sabéis que estamos abocados al cataclismo. Oiréis por ahí que vuelve Narváez. No lo creáis... Narváez no volverá más... El maldito moderantismo es cosa concluída. ¿Quién vendrá? Vendrán todos y no vendrá nadie. ¿Quién mandará, quién obedecerá? Nadie y todos...

XXXII

—Si lo que anuncia D. Martin—declaró
Ansúrez, —quiere decir que veremos el fin
de las rapiñas, bendígale Dios la boca. Pero
á mí me dice mi razón natural que la barre-
dera de bolsillos no se acabará mientras vengan tantos inventos nuevos de comodidades
y regalo del vivir, porque ellos traen las tentaciones, y los hombres de acá, que han visto cómo triunfan y gastan los extranjeros ricos, quieren ser como ellos. La tierra no lo
da, que si la tierra lo diera, todos nadaría-
mos en la bienandanza; y estando secos los
pechos de la gran madre, el hombre fino y
agudo, que apetece buena vida porque el
cuerpo y hasta la mesma ilustración se lo pi-
den, por ley natural deja crecer sus uñas
todo lo que se le merma la voluntad de trabajar. Loco es en España el que fíe del trabajo para vivir á gusto, que de su sudor no
ha de sacar más que afanes, y ser el hazme
reir de los que manipulan con lo trabajado.
Tres oficios no más hay en España que la-
bren riqueza, y son éstos: bandido, usurero,
y tratante en negros para las Indias. Yo de
mí sé decir que habiéndome pasado la vida
sobre la tierra, echando los bofes, sin fruto,
ahora no miro más que á reunir comercian-
do un capitalejo de mil duros: me basta.
Prestando dinero al interés de ciento por

ciento, que hay quien lo tome y quien lo pa-
gue, hágome con una renta igual á mi principal, que será el mejor alivio de una vejez
honrada.

—Alto ahí - dijo D. Martín, saliendo por
un instante de su impasibilidad, —que á interés mucho más módico que el ciento, he
colocado yo mis ahorros, y todo me lo han
quitado los malos pagadores, amparados por
la curia maldita... El usurero se cae también á los profundos abismos, como caerán
el militar insolente que oprime á la Nación,
el contratista que le chupa la sangre, el ministro que ampara tantas contumelias; caerán la hipocresía y la falsedad que han co-
rrompido la honradez y buena fe de la Nación española... y debajo de todos, porque
caerá el primero, veréis á Narváez, con toda
su infernal caterva de generales... ¿Habéis
oído contar las comilonas y orgías de Palacio, y las que el sá:rapa daba en su casona de la calle de la Inquisición con el dinero que á manos llenas le regaló Isabel
para sus lujos? Pues mientras los cortesanos
se hartan en banquetes, el pueblo cena pan
seco, y por no tener para carbón, que vale,
como sabéis, á catorce reales, no puede ni calentar agua para hacer unas tristes sopas...
Desde que tomó Narváez las riendas, España no es más que un laberinto de todos los
males, y ahí tenéis al empleado que se me-
rienda al contribuyente, al policía que nos
encarcela al menor descuido, y al militar que
por un triquitraque saca el chafarote y acu-

chilla á los ciudadanos. Habéis visto que somos víctimas de tantos vejámenes, atropellos y contumelias; que el robo es la suprema ley, pues no sólo se roban riquezas, sino personas. Los hombres roban la mujer que les agrada, y las mujeres al hombre que les peta. Y la Justicia para castigar estos crímenes ¿dónde está?

—No se ve la Justicia, no se ve la ley—dijo Lucila, que gradualmente se interesaba en la conversación.—Pero la Justicia ha de estar en alguna parte, Sr. D. Martín.

—A eso iba, á eso voy... Coged todos los candiles que hay en el mundo, encendedlos, recorred con ellos el suelo de España buscando la Justicia, y no la encontraréis. Ella y la Verdad se han escondido... y para encontrarlas, más que candiles hace falta otra cosa.

—La Verdad y la Justicia—dijo Ansúrez, —están en el corazón de los poderosos; pero muy escondidas adentro, debajo de pasiones y de mil cosas malas...

—El corazón de los poderosos— agregó Merino agarrándose á la idea del *celtíbero,*—tiene dentro la Justicia y la Verdad; pero como está tan empedernido, no hay modo de llegar á él para sacar las virtudes. Claro que tienen que salir, porque si no, se acabaría el mundo...

—Peor que acabarse, porque sería el Infierno—dijo Lucila,—y siendo el mundo Infierno, nos condenamos antes de morirnos.

—Condenados los que no delinquimos.

—Condenados malos y buenos: esto no puede ser.

—La Justicia y la Verdad tienen que salir —dijo Ansúrez;—pero ya verán ustedes como no salen. Cuando más, asomará una puntita de ellas... A menos que venga un hombre tan grande y tan sabio que sea como redentor que nos manden del otro mundo...„

Sin perder su impasibilidad más que por segundos, D. Martín expresó esta idea: "El hombre que por la Providencia venga destinado á desatar este nudo, ha de reunir en sí solo el mérito que tuvieron Moisés, Numa y Augusto... y aún es poco. Hay que agregar el mérito de Ciro, Semíramis y Alejandro... No sabrán ustedes quién fué Numa, ni quién Ciro y la gran Semíramis; pero poco importa que no lo sepan...„

Ansúrez y Lucila le oían con la boca abierta. "Pienso—dijo el *celtíbero,*—que al hombre, remediador de los males de España, ó sea médico de esta enferma nación, no podemos imaginarlo reuniendo en un sujeto á todos los talentos del mundo, pues aún sería poco material para formar el gran seso que aquí necesitamos. Imaginarlo debemos como dotado de santidad, de un fuego divino, que no puede encender más que el Espíritu Santo, según reza la Sacra Teología.

—La Teología—dijo Merino con marcado desdén,—será dentro de mil años no más que lo que es hoy la Mitología para nosotros... ¿Sabéis lo que es la Mitología? Dioses, semidioses y héroes, todos movidos de las pasiones del hombre. Pues en eso concluirá la Teología... El que á España regenere necesitará, más que talento y más que el brillo de la llamada santidad, de un inmenso valor... desprecio de la vida propia así como de las ajenas... Ea, yo me voy...„ Dió dos pasos y se paró para completar su pensamiento: "Ese valiente que necesitamos, bien merecerá el nombre de Mesías. El traerá la Justicia y la Paz. ¿Cómo? Dichoso el que lo vea, y puede que vosotros lo veáis... ¡Paz y Justicia!, amigas siempre inseparables, porque donde no hay justicia no hay paz... y si lo dudáis, preguntádselo á Moisés, el cual, para hablar de estas cosas, empezaba por invocar á los cielos y la tierra: *Audite cœli quæ loquor, audeat terra eloquia oris mei...* Si no sabéis latín, es lo mismo. Quiere decir: *Oiga el Cielo, óigame la tierra.*

—Oigamos lo que se le ha traspapelado en la memoria—díjole Ansúrez cogiéndole del manteo, cuando ya iba en retirada.—Se olvida del negocio de los dineros que ha de prestarme. ¿Es hecho ó no es hecho?„ Se embozó Merino en el manteo; y dando la media vuelta casi sin mirar al *celtibero*, ó mirándole de soslayo, le dijo: "Anda y que te dé los cuartos tu yerno, que es bastante rico...„ Sin añadir palabra, mirada ni gesto, siguió su pausada marcha hacia el Portillo.

"¿Sabes lo que se me está pasando por la intención?—dijo Ansúrez á su hija, mirando los dos al clérigo que se alejaba.—Pues coger una piedra... recordar mis tiempos de

muchacho... y ¡ran! darle en la misma corona... ahora que se quita el sombrero...

—Déjele, déjele... que bien se ve lo per-
verso que es—replicó Lucila,—y la poca ó
ninguna substancia que de él puede sacar-
se... Habla de traer la Verdad, y él que la
tiene en el cuerpo ¿por qué no la echa fuera?... Vámonos de aquí... Yo estóy mala...
no sé lo que tengo... Miedo, repugnancia...
¿Por dónde vamos á casa? ¿Está muy lejos?

—Menos de lo que tú crees. Metámonos por
el Portillo de las Vistillas, que está dos pasos de aquí, y en un periquete subiremos
hasta San Francisco.„

Así lo hicieron. Lucila respiró con desahogo del alma al entrar en su casa. "En este
rincón humilde—se decía,—nunca, nunca,
después que se fué Tomín, me ha pasado
nada desagradable. Personas y cosas, todo
aquí es bueno, y todo se sonríe al verme.
Hasta los animales del corral, que en aquellos días tristes me enfadaban, ahora son
mis amigos: los quiero.„ Resultado de esta
meditación fué el propósito de asentir á
cuanto resolviesen los que llamaba suyos,
Eulogia y Antolín, y más suyo que nadie el
bonísimo D. Vicente... Por la noche, fué Jerónimo convidado por Antolín á cenar, y de
sobremesa le dijo Halconero que abandona-
ra todo proyecto de poner tienda; que llevara su vejez á un trabajo sosegado, mirando
á la salud más que á las riquezas; y pues
era hombre práctico en labranza, viniérase
con su hija al pueblo, y allí se le daría plaza

descansada de mayoral ó mayordomo, según
la ocupación que más le cuadrase. Conmo-
vido Ansúrez, echó por aquella boca las re-
tahilas de su gratitud, y Lucila una lagri-
mita, de las dulces, ¡ay! que no habían de ser
amargas todas las que derramaba... Tratando de la boda, se puso á discusión el punto de si, descartado el martes, como día ne-
fasto, convenía retrasar al miércoles, ó anti-
cipar al lunes. "Que lo decida la novia—propuso Halconero; y ella prontamente, sin vacilar, decidió: "Mejor antes que después.„
Tal idea vista por dentro, en su fatigada
mente, era de este modo: "Si ello ha de ser,
mientras más pronto, mejor. Tengo miedo á
estar libre.„

Pasaron el domingo en familia todos reu-
nidos. Determinó Halconero que el casorio
se celebraría tempranito en San Justo, eli-
giendo esta iglesia para complacer á su amigo, paisano y algo pariente, D. Francisco
Pradel; y aunque Lucila no veía con buenos
ojos semejante elección de templo, porque el
recinto de San Justo estaba para ella plaga-
do de tristezas, y allí encontraría ideas suyas
que deseaba perder de vista, no se atrevió á
votar en contra por no serle posible explicar
las razones de su repugnancia. Ampliando
el programa, se acordó que después de la
ceremonia religiosa, y de oir misa y asistir á
la función de las Candelas, irían de gran almuerzo á casa de Botín, y de allí á Palacio á
ver la función de Corte en la Capilla Real.
Esta parte del programa sí fué rechazado

por la novia en términos tan vivos que nadie se atrevió á insistir en ello. Por nada del mundo se metería en las apreturas de Palacio. "Total, ¿para qué? Para no ver nada.„ Y pues la Reina con toda su Corte habría de ir después á la iglesia de Atocha para la presentación de la Princesita, mejor sería que desde la calle, en sitio seguro ó en un balcón, vieran el paso de la comitiva. Aceptada fué por D. Vicente esta sensata proposición: también á él, por causa de no estar nada flaco, le enfadaban las apreturas.

Las primeras luces del 2 de Febrero de 1852, día que había de ser memorable por diferentes motivos, encontraron á Lucila despierta, arreglándose: no le daba poca prisa Eulogia, que en madrugar dejaba por perezoso al mismo sol. Las siete y media serían cuando vestida estaba ya la novia; á las ocho le puso Eulogia la mantilla... Celebrada fué por cuantos en tal ocasión la vieron, la soberana hermosura de Lucihuela Ansúrez. Con su trajecito negro, y en derredor del rostro pálido las sombras del cabello fundiéndose con el nimbo obscuro de la mantilla, era realmente una diosa del Olimpo con disfraz de española y madrileña... A las ocho y diez salieron... A las ocho y media, ya estaban en la sacristía de San Justo, y á las nueve menos minutos, la diosa y mártir era ya, ante Dios y los hombres...

XXXIII

... esposa de Vicente Halconero, rico labrador de la Villa del Prado, ¡oh suerte, oh dicha, y admirable dictamen de la Providencia!

En la capilla de los Dolores oyeron los esposos misa rezada, que dijo D. Martín Merino, y en verdad que necesitó Lucila de toda su voluntad para oirla con devoción, porque entre su pensamiento y el oficiante, que al mismo Cristo representaba, se interponían recuerdos, imágenes é ideas que ella quería expulsar de sí para el resto de sus días. Siempre que el adusto sacerdote al pueblo se volvía para decirnos que el Señor está con todos, con el pueblo en fin, la recién casada bajaba los ojos... En una de éstas, no los bajó tan á tiempo que dejara de ver la brillante mirada del clérigo riojano que le decía: "Sé la historia... ¿Quieres que te la cuente?„... Cuando le vió partir para la sacristía, Lucila daba vueltas en su cerebro á esta idea: "¡Vaya con mis locuras! En todo pensará este pobre señor menos en mí y en Domiciana.„ Empezó luego la función de las Candelas, en la que vieron también á Don Martín de asistente al culto, con sobrepelliz. Creyó Lucila que desde el presbiterio la miraba el maldito cura... mas no era para decirle que sabía la historia, sino para repetir la terrible frase de otro día: "Domiciana merecía la muerte. Zanguanga, ¿por qué no la aseguraste bien?„

Terminada la función, vieron salir á Don Martín llevándose, como es costumbre en tal día, la vela que había ostentado en la función. Pasó junto al matrimonio sin saludar á Lucila ni á nadie, seco, ceñudo, con una cara y gesto propiamente aterradores. Ansúrez se fué á él y le dijo: "D. Martín, salude á los amigos, que por el maldito dinero no hemos de indisponernos los que bien nos estimamos.„ Y Merino: "¿Estáis de bodorrio? Ahora iréis de comistraje.„ Y Ansúrez: "Si quiere participar, tendrá la presidencia.„ Y Merino, en la cuerda más baja de la sequedad amarga y del satánico desdén: "Que les aproveche... Yo me voy á mi casa... Cada cual á lo suyo.„

Superior almuerzo les dió el amigo Botín. Ansúrez, que en aquel caso venturoso veía la mejor ocasión y estímulo para su hablar bien hilado y nutrido de ideas graves, les divirtió con amenos discursos. Contenta estaba Lucila, viéndose rodeada de tanto cariño y respeto, y sintiéndose á tan considerable altura en la escala social, que desde allí volvía los ojos hacia su antiguo sér y apenas lo vislumbraba. Un trozo de su existencia se iba quedando atrás, como siglo que muere para dejar á otro siglo el puesto del tiempo. En la poquita Historia que le había enseñado su maestro (que también con buenas tragaderas al banquete asistía), los siglos eran diferentes unos de otros, y cada cual tenía su cariz, carácter y mote singulares. Se heredaban y se sucedían, como cuando muere el Rey y se corona Rey nuevo. Pues de este modo entendía Cigüela que se le iba un pasado triste, y se le entronizaba un porvenir risueño... Consta en las crónicas de estos acontecimientos que después de una larga sobremesa en que los plácemes en prosa y verso halagaron los oídos y el alma de la hija de Ansúrez, vieron todos que la ocasión llegaba de tomar sitio en la calle Mayor para ver el Cortejo Real; y abandonados los manteles, llenos de migas de pan, de huesos de aceitunas y de manchas de vino, el profesor de Lucila, hombre de luces y un poquito pedante, tomó la delantera diciendo: "Vamos á ver pasar la Historia de España."

Buscando sitio donde pudieran ver bien, con retirada segura, se fueron á la Plazuela de San Miguel, y aunque allí había ya gran muchedumbre de mirones formando apretadas filas detrás del cordón de tropa, hicieron cuña, metiéndose entre la masa, hasta llegar á donde tocar podían las mochilas de los soldados... Pasó tiempo, más tiempo del que en el popular programa ponía límites á la paciencia, y la Historia de España no pasaba. La hoja del inmenso libro no quería volverse. El pueblo, no pudiendo ver la página nueva, se divertía inventándola... Por toda la masa corría un rumor de inquietud, de fastidio, rumor también de conjeturas...

Dadas y bien dadas las dos, y transcurridos después de la hora larga serie de fugaces minutos, la impaciencia llegó á su colmo, y las conjeturas tomaban giros disparatados. De improviso, á todo lo largo de la carrera pasó una ráfaga... Venía de la Plaza de Oriente, doblaba la esquina de la Almudena y hacia la Puerta del Sol seguía, moviendo todos los ánimos... Las cabezas se volvían de un lado para otro, se agrietaba la masa, se descomponían grupos para formar grupos nuevos, y hasta la disciplinada fila de tropa osciló y se quebró en algunas partes. ¿Qué ocurría? La ráfaga pasó silbando, y en cada trinca de personas dejaba suposiciones absurdas. Se movió un gran oleaje, en preguntas: "¿Qué pasa?... ¿Qué ha pasado?... ¿Verdad que pasa algo?„ Y con este oleaje chocaba otro de indecisas y turbadas respuestas: "Nada: que al Rey le ha dado un síncope... Nada: que la Reina se ha puesto mala... Nada: que ya no bajan á Atocha...„

Nueva ráfaga, más vibrante, con sordo ruido de tormentas, de estremecimientos del aire. El pueblo echaba chispas... La masa se resquebrajaba, buscando espacio para disolverse y correr; con su tremenda expansión rompía el enfilado rigor de la carrera, como el agua hinchada rompe sus cauces. En segundos corría la ráfaga enormes distancias, y á su paso los miles de almas se daban y quitaban su estupor, para transmitirlo con inaudita velocidad... La afirmación, la duda, la negación, el *Dicen*, el *¿Qué?*, el

No puede ser, corrían como el restallar de un temporal de granizo.

"¡Que han matado... á... la Reina! —exclamó Halconero volviéndose asmático del estupor, de la pena, de la indignación...— Imposible... No lo creo."

En aquel punto, un hombre, que parecía de policía, soltaba tembloroso una breve arenga en el círculo de gente que le rodeaba: "Señores, calma... no ha sido nada. Matarla no; no han matado á Su Majestad... Ha sido intento, como decimos, conato... Herida leve de Su Majestad..."

Y un teniente, no lejos de allí, también arengaba: "Señores, orden... ha sido un sacerdote loco, un infame cura... Orden...

—Ha sido un cura, un cura...—dijo la voz de la Historia corriendo por toda la masa y encarnándose en ella.—Con un cuchillo... ha sido un cura, un cura...

—¡D. Martín!—exclamó Lucila horrorizada llevándose las manos á la cabeza; y el agudo *celtíbero* repitió con firme acento: "¡D. Martín!"

En medio de la llamarada de ardientes comentarios que la noticia levantó en el grupo de su familia y amigos, echó Lucila con satisfactorio convencimiento este combustible: "Aún no se sabe la verdad... Esperemos... El cuchillo no iba contra la Reina, sino contra Domiciana... ¡A saber...! ¡Muerta Domiciana! ¡Justicia al fin!"

Descuajada la muchedumbre, se desmenuzó en puñados de gente que querían correr hacia Palacio. Era la gente mucha, estrechos los caminos. Al rugido del pueblo se mezclaba el son de tambores y cornetas de la tropa deshaciendo la formación. El ¡*Viva la Reina!* era un bramido continuo, que prolongándose en las bocas, hacía vibrar el aire y retemblar el suelo... Y en tanto, el profesor de Lucila, hombre agudo y un poco zahorí, aplacaba la curiosidad de su discípula y del buen Halconero, asegurándoles que la narración del atentado y los pormenores del castigo del infame cura se verían en las *Memorias*, felizmente ahora continuadas, del simpático Fajardo-Beramendi.

FIN DE LOS DUENDES DE LA CAMARILLA

Madrid, Febrero-Marzo de 1903.